中等职业教育国家规划教材配套辅导教材

审计技能与实训

（第3版）

主　编　宫相荣　郑艳华
副主编　潘淑范　王永秋

中国财政经济出版社

图书在版编目（CIP）数据

审计技能与实训/宫相荣，郑艳华主编. —3 版. —北京：中国财政经济出版社，2011. 8
中等职业教育国家规划教材配套教材
ISBN 978 - 7 - 5095 - 3042 - 9

Ⅰ. ①审…　Ⅱ. ①宫…②郑…　Ⅲ. ①审计学 - 中等专业学校 - 教材　Ⅳ. ①F239. 0

中国版本图书馆 CIP 数据核字（2011）第 63944 号

责任编辑：洪　钢　　　　责任校对：杨瑞琦
封面设计：华乐功

中国财政经济出版社出版

URL：http：//www. cfeph. cn

E - mail：jiaoyu@ cfeph. cn

社址：北京市海淀区阜成路甲 28 号　邮政编码：100142
发行处电话：88190406　财经书店电话：64033436
北京金华印刷有限公司印刷　各地新华书店经销
787 × 1092 毫米　16 开　11. 5 印张　271 000 字
2011 年 8 月第 3 版　2011 年 8 月北京第 1 次印刷
定价：17. 00 元
ISBN 978 - 7 - 5095 - 3042 - 9/F · 2581
（图书出现印装问题，本社负责调换）
本社质量投诉电话：010 - 88190744

中等职业教育国家规划教材

出 版 说 明

为了贯彻落实财政部关于执行新会计准则的要求，满足会计专业职业教育教学的需要，我们组织修订了职业教育会计专业教学用书。本次修订依据《企业会计准则——基本准则》和《企业会计准则第1号——存货》等38项具体准则以及《企业会计准则——应用指南》，在内容上以会计信息的有用性为基本导向，以提高学生的会计从业能力为主要目标。该系列教材从2007年7月陆续出版供职业院校教学使用。

为了让教师尽快地熟悉、理解新教材的内容与特色，以方便授课，使学生在学习中更好地掌握知识、强化专业技能的实际应用能力，我们对该系列教材的配套辅导用书进行了修订再版，以供教师授课和学生学习使用。

本套学习辅导用书的编写人员都是该教材的作者。在内容的安排上，该套辅导用书突出了理论联系实际和知识应用的训练，通过对基本概念、基本理论的准确把握和基本技能的反复练习，以培养学生分析问题、解决问题的能力。在此，我们真诚地希望各类职业院校在使用该系列辅导用书的过程中，及时提出修改意见和建议，使之不断完善和提高。

中国财政经济出版社
2011年7月

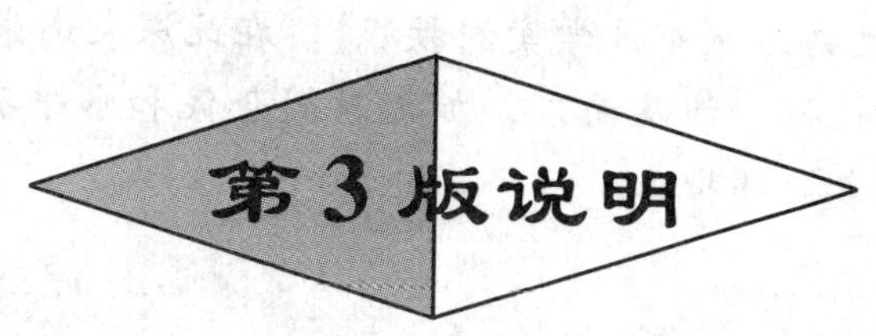

第3版说明

为了适应中等职业教育改革和发展的需要，贯彻《中共中央国务院关于深化教育改革　全面推进素质教育的决定》精神，尽快培养出高素质的劳动者和初、中级经济管理专门人才，依据教育部新颁布的中等职业学校《审计基础知识教学大纲》和中等职业教育国家规划教材《审计基础知识》，在考虑到中等职业国家规划教材配套辅导丛书《审计基础知识习题集》的涵盖面和侧重点的基础上，我们编写了这本《审计技能与实训》作为《审计基础知识》的配套学习用书。

本教材在借鉴和吸收财经类相关教材经验和方法的基础上，首次将会计过失和舞弊所涉及的查账或甄别方法，审计操作业务实训，模拟审计案例的分析与处理，以及审计自测案例有机地结合在一起。特别是具体地讲解和例释了会计过失的查找方法，以及对舞弊行为的甄别方法。将审计教材未涉及或未展开的审计工作中起码和必需的可动手操作的主要业务进行了讲解和例释。全书侧重于动手能力的培养；体现了理论联系实际的要求；解决了以往背理论条条是道，动手办业务却一筹莫展的问题；能够满足中等职业教育学以致用的要求。

本教材并非简单的对《审计基础知识》和《审计基础知识习题集》的知识点进行重复和综合，而是在《审计基础知识》和《审计基础知识习题集》的基础上，本着侧重对学生创新精神和实践能力的培养而进行必要的延伸、深化和完善。因此，本教材既适用于财经类中等职业学校，又可作为岗位培训和自学、自考的辅导教材；既可与《审计基础知识》和《审计基础知识习题集》配套使用，又可为在校学生、实际工作者和自学、自考者单独使用。

本教材由宫相荣（嘉兴职业技术学院）和郑艳华（吉林工程技术师范学院）担任主编；潘淑范和王永秋担任副主编。参加编写的有：宫相荣（会计工作中的过失错误和舞弊行为；内部控制制度审计案例）；郑艳华（审计操作业务实训和审计自测案例）；王永秋（审计案例概述和审计工作程序案例；流动资产审计案例）；刘荣策（长期资产审计案例；流动负债审计案例；长期负债审计案例）；潘淑范（所有者权益审计案例；成本与费用审计案例；收入和利润审计案例）。全书由宫相荣和郑艳华进行了修改和总纂。

本教材学习、借鉴和参考了韩志方的《审计基础知识》，周友梅的《财务造假与甄别》，吴俊深的《会计差错规律与查账技巧》，白协建主编的《审计案例教程》，蒋武、刘丽华主编的《审计学案例教程》。在此深表谢意！

由于审计的时效性强、涉及面广，加之时间仓促和水平有限，书中难免存在疏漏和不足，敬请读者批评指正。

编　者

2011年7月

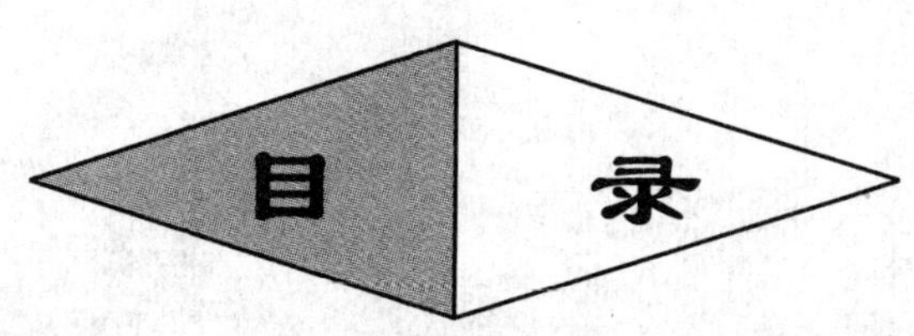
目 录

第一章 会计工作中的过失错误和舞弊行为

第一节 会计工作中的过失错误

一、过失错误的涵义与种类

（一）过失错误的涵义

会计工作中的过失错误，是指会计人员在处理经济业务过程中，由于记录、计算、整理与制表等项工作违反了真实性、正确性、合法性原则，但并无任何不良动机与企图，纯属非故意造成的一种差错。如因会计人员的业务素质、工作态度和企业内部控制制度不完善或不科学而造成的重记、漏记、摊提不合理及填制凭证和记账、结账不规范等。

过失错误虽非故意，但一旦发生同样会影响会计信息的真实性和可靠性，同样会影响企业的财务状况和经营成果，因而，必然影响到国家税收和企业利益。所以，会计人员和审计人员都必须重视会计工作中的过失错误，研究各种错误的类型、特点、产生的原因及发展过程，掌握过失错误发生的规律，从而采取相应的方法来检查和纠正错误，保证会计信息的真实可靠，保证国家和企业财产的安全和完整。

（二）过失错误的种类

会计工作中的过失错误，一般可分为会计原理、原则运用的错误和记账、计算技术上的错误两种。

1. 会计原理、原则运用的错误

会计原理、原则运用的错误，是指由于会计原理、原则运用不当和违反《企业会计准则》及相关会计制度所引起的错误。主要有以下几种情形：

（1）借贷观念上的错误。会计上的借贷是借贷记账法中的特定符号，它已失去了汉字原有的涵义，成为会计学上的专用术语。这样没有经过专业培训或虽经培训但没有实践经验的会计人员，往往用汉字的涵义去套用会计借贷二字，导致账户方向上的错误。

（2）会计科目设置和运用上的错误。会计科目在会计制度中已有明确规定，但是国家也允许各单位根据自己的实际情况合并或增设有关科目，也可以将二级科目变成一级科目等。不过变动后的会计科目应有明确的涵义和界限，操作上不应与国家设定的科目相违背。否则，即为会计科目设置和运用上的错误。

（3）会计原则运用上的错误。国家在会计基础规范中对会计原则的运用已有明确的规定。权责发生制和收付实现制的实用范围至今没有更改。因而，会计人员应遵照执行。在执行中若对配比性、谨慎性、及时性等十二条会计核算的一般原则理解和掌握不好，就会造成会计原则运用上的错误。

2. 记账、计算技术上的错误

（1）记账技术上的错误。记账技术上的错误是指登记账簿时发生的错误，包括编制凭证、登记账簿和编制会计报表工作中出现的记错账户、重记或漏记、记反账户方向、数字错位或颠倒、勾稽关系不正确等项错误。

（2）计算技术上的错误。计算技术上的错误是运用会计原则过程中，在计算、分期、基数、配比、依据等方面出现的错误。产生该种错误的原因，一是使用计算工具操作不当；二是对原则和规定不能掌握等。

二、过失错误的特征和认定

（一）过失错误的特征

（1）凡是过失错误，当事人并无不良动机与企图，是一种无意识的行为。

（2）凡是过失错误，行为人并无预谋，且不隐蔽自己的手段。

（3）凡是过失错误，多数情况下，不会给国家或企业的财产造成重大损失。

（4）凡是过失错误，一般多由工作人员自己所为，与他人无关。

（二）过失错误的认定

认定会计工作过失错误和舞弊行为的依据有：

（1）会计核算的各环节中所作的会计处理，以及通过核算所提供的会计资料，是否符合经济业务活动的客观事实。

（2）会计核算的方法和会计资料的运用，是否符合会计原则和会计准则的要求或规定。

（3）所有经济活动和财务收支及会计账务处理，是否符合规定的程序和方法，是否符合会计准则、会计制度的要求或规定。

在用上述三条依据检查各单位会计资料时，若发现与其不符，且又具有过失错误特征的就是过失错误，反之，则是舞弊行为。

三、错账的查找程序及方法

（一）错账的查找程序

为了及时、准确地查找错误之所在，查找错账必须按照一定的程序进行，只有这样，才能取得事半功倍的效果。过失错误的查找程序是：

1. 进行试算平衡

借贷记账法的记账规则之一，就是“有借必有贷、借贷必相等”。因此，期末借方余额合计数必然等于期末贷方余额合计数。为此，检验分类账的记录是否正确无误，可用分类账各账户的借方余额合计等于各账户贷方余额合计来查验。这种查验分类记录的程序，在会计上就称为“试算平衡”，在操作上往往是通过编制平衡表来进行的。试算平衡表的格式如表1-1所示。

表1-1

试算平衡表

年 月 日

账户名称	借方余额	贷方余额
合计		

（1）试算平衡后应注意的事项。经过编制试算平衡表后，若借方余额等于贷方余额，即试算平衡了，一般来说就不存在错误了。但有些错账是试算检查不出来的，也就是说有些错账不影响试算平衡。因此，应提请会计和审计人员注意。通过试算不能发现的错账主要有：

①一笔会计事项的记录全部遗漏或全部重复。

②一笔会计事项的借贷双方，在作分录或过账时，对应账户发生等额的错误。

③一笔会计事项应借应贷账户，在作分录时对应账户方向发生颠倒或误用了账户名称。

④一笔会计事项的分录双方或一方，在过入分类账时误记了账户。

（2）试算不平衡及产生的原因。在经过编制试算平衡表后，若借方余额不等于贷方余额，即试算不平衡，这就说明存在着错账。为了便于查找和运用其他审计程序，会计或审计人员应掌握错账发生的原因，这样才能有针对性地去查找。影响试算不平衡的原因大致有：

①各账户余额计算有错误。

②账户运用或登记有错误。

③编表的内容或方向有错误。

④表中各金额栏加计运算有错误。

2. 进行对账

当编制试算平衡表后，发现借方余额不等于贷方余额，就说明存在着错账。这时就应进行对账，以确定差错所在。对账就是核对账目。为什么核对账目就能发现差错所在呢？这是因为账簿与实物、凭证、报表之间，账簿与账簿之间，存在着相互衔接、控制和验证的勾稽关系。如果发生错账，就会破坏它们之间的这种勾稽关系。因此，只有通过对账，才能确定证账、账账、账表是否相符，确定核算资料的正确性。在会计检查、纳税检查和审计中讲授和应用的核对法中，起码有证证核对、证账核对、账账核对、账表核对、表表核对、账实核对等，而我们这里所说的对账，一般是对证账和账账的核对。

（1）证账核对是指将记账凭证和账簿相核对，看在登账过程中是否存在重记或漏记、记错账户、记反账户等情况。当然这是在原始凭证审核无误，且又证证相符的情况下进行的。

（2）账账核对是指将总分类账和明细分类账相核对，看是否存在记错账户、记反方向的情况。在账账核对的过程中，通常是通过确定“标准账户”来进行的。所谓的标准账户，是指将某账户的记录与记账凭证核对无误后，用来作为衡量其他账户记录是否正确的标准，这种账户称为标准账户。一般是将总分类账户作为标准账户，因为总分类账户是依据记账凭证或总记账凭证登记的，发生错误的可能性较小，即使发生错误，查找也较容易。利用“标准账户”可检查所属各明细分类账户记录的正确性，如果发生错误，就会出现某总分类账户余额与所属明细分类账户余额之和不符的情况，那么错误就在明细分类账户中，这就大大缩小了查找错账的范围。

（二）错账查找方法

当通过查找错账的程序，确定了错账的范围后，错账还没有查找出来，这时就需要运用查找错账的技术方法，确定错账的类型和数额。错账的查找方法主要有：

1. 差数法

差数法是针对正确账户的数字和错误账户的数字之间的差数，去查找账簿中有无与该数字相同的数字，从而确定错账的一种方法。这种方法适用于重记或漏记，以及个别数字转抄有误而引起的记账错误。

重记或漏记，就是在登记账簿时，将记账凭证中的对应账户重记或漏记，即只正确登记了一方，重记或漏记了另一方。其查找的方法是：首先检查总分类账，将科目汇总表或汇总记账凭证与总分类账相核对，以确定“标准账户”。然后用经核对正确无误的某总分类账与所属明细分类账进行核对。如果明细分类账本期发生额大于总分类账发生额，说明明细分类账发生重记，反之，若某明细分类账本期发生额小于该总分类账发生额，则说明该明细分类账发生漏记。

例如：“应收账款”总分类账，本期借方发生额3 000元，本期贷方发生额1 600元，而“应收账款”明细账本期借方发生额3 000元，贷方发生额为1 200元。假设“应收账款”总分类账户经过核对没有错误，那么其所属明细分类账借方发生额合计3 000元则是正确的，而贷方发生额合计比总分类账户少记了400（1 600 - 1 200）元，说明明细分类账户贷方漏记了400元的数字。然后在总分类账户或记账凭证中查找这个400元的数字。如果找到了即为明细分类账户贷方漏记的那笔账的数字。对于记账凭证无错误，只是登记账簿时多记或少记，其查找方法与上例同理，这里不再赘述。

2. 除2法

除2法是将某总分类账户的余额与其所属明细分类账户余额的差额，除以2来查找和确定错账的一种方法。这种方法适用于记反账户方向而引起的记账错误。所谓记反账户方向，是指应该记入账户的借方，而记入账户的贷方，或者相反的情形。

这种记账错误往往是在登记入账时写错了栏次，由于记账方向的错误，造成账户一方登记加大一个数，而另一方的合计却减少同样一个数。这样，记反方向的账户借方与贷方发生额之间就存在一个差额，这个差额就是与“标准账户”相差的差额。而这个差额正好是记反方向数的2倍。所以，将这个差额除以2，所得的商就是记反账户方向的那个数。这一方法的道理所在，通过以下例式可以验证。

设某总分类账户为标准账户，其借方发生额为a，贷方发生额为b；明细分类账户借、贷方根据平行登记的原理也同样为a和b。假设总分类账户登记是正确的，而明细分类账户有一笔业务记反了方向，即应记在借方却记在了贷方，且这笔业务的数额为c。这样明细分类账户借方发生额由正确的a变成了a - c；明细分类账户贷方发生额由正确的b变成了b + c。按着会计原理所述，总分类账的余额（a - b）减去明细分类账的余额（a - c）-（b + c）应该等于零。而该笔业务记反账户后，其余额却是：（a - b）-［（a - c）-（b + c）］= 2c，因此，不论c是一个什么数，它都能被2整除，所得的商（c）就是记反方向的业务的数额。

例如，某月底根据编制的科目汇总表中的数字登记的“应付账款”贷方发生额为6 000元，借方发生额是4 000元，而其所属明细分类账的贷方发生额为6 600元，借方发生额为

3 400元。假设经查证，记账凭证和科目汇总表没有错误，据此登记的应付账款总分类账户也没有错误，这时就可以用正确无误的“标准账户”去检查其所属明细分类账户。应付账款总分类账的贷方和借方发生额的差额是2 000（6 000 - 4 000）元，而其所属明细账的借方和贷方发生额合计的差额是3 200（6 600 - 3 400）元，总分类账和其所属明细分类账之间的差数为1 200（3 200 - 2 000）元，用2去除这个差额得商为600元，此商即为记错了方向的那一笔账的数额。这时就应在明细分类账中去查找600这个数字，若在明细分类账的贷方查到了这个数，经确认是记反了账户，还原其应有的位置，即从明细分类账的贷方发生额中减去600，加到明细分类账的借方发生额中去。这样明细分类账的借、贷发生额之差2 000元，正好与总分类账的借、贷方发生额之差2 000元相符。至此，这笔记反账户的错账就查找、确认和调整完毕。

3. 除9法

除9法是将某总分类账户一方的发生额或余额，同其所属明细分类账相对应的一方的发生额或余额的差除以9来查找和确定错账的一种方法。这种方法适用于记账过程中的数字颠倒和数字错位。

（1）数字颠倒的查找方法。数字颠倒是指把一个数中的前后两位数字的顺序书写颠倒。它包括邻数颠倒和隔位颠倒等。如把82误记为28，或将6 781误记为8 761。在查找错账中的数字颠倒时，首先应明确两个概念，即差数和差值。差数是指正确数减去错误数之差，如82 - 28 = 54，则54即为差数。差值是指颠倒两个数码之差的数值，如82其数值是8 - 2 = 6，6即为差值。在操作中，如果“前大后小”颠倒为“前小后大”，例将82误记成28，在试算平衡或总账与明细账核对时，差数是一个正数（如果“前小后大”颠倒为“前大后小”，在试算平衡或总账与明细账核对时，差数是一个负数），且这个差数除以9后，所得商中的有效数字正好与邻数差值相等，并且不大于9。我们就可以根据这一规律在差值相同的两个邻数范围里去查找。如将82写成28，其差数为54，将54 ÷ 9 = 6即差数商为6，正好是正确数和错误数的差值。这样查找相邻数差值为6的数字就可以了。例如，某企业有邻数颠倒的“其他应收款”明细账余额如表1 - 2所示，而其总账余额则为365.44。

表1 - 2 其他应收款明细账

序号	客户名称	金额（元）
1	A	123.42
2	B	16.21
3	C	91.62
4	D	45.89
5	E	70.25
6	F	81.05
合计		428.44

查找的程序：

①求差数。用核对无误的总分类账户，即“标准账户”的余额减其所属明细账的余额。

365.44 - 428.44 = -63。

②求差数商。用差数除以9而求其商。63 ÷ 9 = 7。

③查找差值为商的数。在表中查找相邻两个数差为7的数。在表中只有两个差值为7，即“E”客户为70.25元，可能是将7.25元误写成70.25元，或是“F”客户为81.05元，可能是将18.05写成81.05元。

④根据可能发生的错误数字，将明细账和相关的记账凭证相核对，发现后更正即可。假设误将18.05写成81.05，则更改后调整明细账余额为428.44 - 81.05 + 18.05 = 365.44元。与总账余额365.44元相等。此笔错账查找完毕。

十位数与个位数颠倒，一共有45对，为了便于查找，现列表如表1-3所示：

表1-3　　数字颠倒查对表

正确数	颠倒数	差数	商数	颠倒两数之差	举例
21	12	9	1	1	01，10；12，21；23，32；34，43；45，54；56，65；67，76；78，87；89，98
64	46	18	2	2	02，20；13，31；24，42；35，53；46，64；57，75；68，86；79，97
85	58	27	3	3	03，30；14，41；25，52；39，93；47，74；58，85；69，96
37	73	36	4	4	04，40；15，51；26，62；37，73；48，84；59，95
94	49	45	5	5	05，50；16，61；27，72；38，83；49，94
82	28	54	6	6	06，60；17，71；28，82；39，93
18	81	63	7	7	07，70；18，81；29，92
91	19	72	8	8	08，80；19，91
90	09	81	9	9	09，90

当发现账目差错在100以内且是9的倍数时，例如差数是36，就可在表中差数栏中找到36，然后在36横栏的举例中查找有无与账面登记的数字相符数，如果有，账面数便是错误数，将其颠倒过来，即为正确的应记数。若账面发现26，则62就为正确应记数。

隔位颠倒是指同一数字中，隔位的两个数码互换了位置。如将948误写成849，将3 685误记为3 586。发生隔位颠倒，都是由三位数码组成的一个数字，可设为AKB，那么中间的这个数码K是不变的，发生隔位颠倒就是BKA。如果把100至1 000以内的数字发生隔位颠倒并算出其差数，就可以得出隔位颠倒数规律。即隔位颠倒的差数与邻数颠倒的差数相比，分别是邻数即十位和个位数颠倒差数的11倍。即将邻数颠倒的差数9，18，27，36，45，54，63，72，81分别乘以11，就得到隔位颠倒的差数，隔位颠倒数就是在邻数颠倒数中相应地插入K，分别得到隔位颠倒数的分布规律。由此可以得出表1-4所示的隔位颠倒差数查找表。

隔位颠倒差数查找表的应用，其方法和步骤参见下例。

例“其他应收款”总账科目余额为4 951.34元，而其有隔位颠倒差错的明细账如表1-5所示：

表 1－4 隔位颠倒差数查找表

差数	隔位颠倒数（每数字代表一组）							
99	1K0	1K2	2K3	3K4	4K5	5K6	6K7	7K8	8K9
198	2K0	1K3	2K4	3K5	4K6	5K7	6K8	7K9	
297	3K0	1K4	2K5	3K6	4K7	5K8	6K9		
396	4K0	1K5	2K6	3K7	4K8	5K9			
495	5K0	1K6	2K7	3K8	4K9				
594	6K0	1K7	2K8	3K9					
693	7K0	1K8	2K9						
792	8K0	1K9							
891	9K0								

表 1－5

序号	客户名称	金额（元）
1	A	976.5
2	B	611.23
3	C	643.50
4	D	785.41
5	E	126.65
6	F	346.01
7	G	967.04
合计		4 456.34

假设总分类账经核对后正确无误，并用其作为标准账户去核对所属的明细分类账。其差额为 495（4 951.34－4 456.34）元，再根据隔位颠倒差数查找表，差数为正数，说明应查“其他应收款”明细表账前小后大的数字。将差数 $495 \div 99 = 5$，说明颠倒数和正确数的个位和百位差值为 5。在表中差数的横行中找与明细表中百位一致的数，则有 126.05，然后看其据以登记的凭证，若确定是颠倒数，则 621.65 则为正确数，至此这笔隔位颠倒的错账便查找完毕。

（2）数字错位的查找方法。数字错位是指把一系列的位数，即个位、十位、百位……整体向前或向后进行了移位。例如将 300 写成 3 000 或 30。

当数字向前错位，这时原数（正确数）就扩大了 10^n（n 为正整数，代表数字错位的位数），用原数减扩大后的错位数，其差额为负数，且能被 9 或 99……除尽。例如将 300 写成 3 000（前错一位），其实质就是将 300 扩大了 10^1 倍，$300 - 3\ 000 = 300 - 300 \times 10^1 = 300 \times (1 - 10^1) = -9 \times 300$。显而易见，能被 9 除尽，负号表示错位的方向是向前。

当数字向后错位，这时原数列缩小了 $\frac{1}{10}$ 倍，用原数减缩小后的错位数其差额为正数，且能被0.9或0.99……除尽。例如，将300写成30（后错一位），其实质就是将300缩小了$\frac{1}{10}$倍，$300-30=300\times(1-\frac{1}{10})=0.9\times300$。显而易见，能被0.9除尽，且错位的方向是向后。

查找移位错账，首先要判断是否是错位差错。这就要看其差数是不是9的倍数，如果是就有可能是错位造成的。然而，数字颠倒错账（包括邻数颠倒和隔位颠倒等）所造成的差数也是9的倍数。移位错账与数字颠倒的区别，在于先判断是否是数字颠倒差错，如差数是以下数字（见表1-6），先查数字颠倒，查不到再查错位。

表1-6 差数判断表

邻数颠倒	9	18	27	36	45	54	63	72	81
隔位颠倒	99	198	297	396	495	594	663	792	891

数字错位的查找方法和步骤是：

第一，根据差数先判断是否属于移位错账。

第二，根据差数判断其错写几位。

第三，根据其错写的位数，运用相应的查找方法进行查找。

例如，原材料总分类账户的借方发生额是2 245元，其所属明细分类账户的借方发生额是2 002元，总分类账和明细分类账相差243元。假设总分类账登记没有错误，则可将总分类账，即“标准账户”与明细分类账借方发生额的差243除以9，得商27元。如果明细分类账上有27元的记录，此数就是记错位的数，将此数扩大10倍，即为270元，这270元就是应该在明细分类账户中登记的正确数字。将此数再与会计凭证核对无误后，予以更正。其结果是将总分类账所属明细分类账借方发生额2 002元减去27元再加上270元等于2 245元，正好与总分类账借方发生额2 245元相符。

在查找数字错位的错账时，如何判断除9后的商数是应该扩大还是缩小10的倍数，可根据总分类账和明细分类账发生额或余额的大小而定。若总分类账发生额或余额大于明细分类账发生额或余额，则明细分类账上错误的数字应扩大10的倍数；反之，则要缩小10的倍数。

上例是错一位数的查找方法，若写错两位，可将差数除以99或0.99，然后去找。两位以上错位的查找方法，可依此类推，这里不再赘述。

第二节 会计工作中的舞弊行为

一、舞弊的涵义与种类

（一）舞弊的涵义

舞弊是指利用非法手段或技巧处理账务，以达到窃取资产的目的或掩饰经营管理不善的真相，从而欺骗有关方面图谋私利的有意识行为。随着改革开放的深入和经济形势的发展，有些人专权仗势、好大喜功，有些人则效仿攀比，以身试法，因而舞弊行为花样翻新。如为谋取私利，利用职权贪污、受贿、挪用公款；为谋取企业不正当利益偷漏税款，截留上交款项，变相乱发奖金等。

（二）舞弊行为的种类

舞弊行为花样翻新、形形色色，但按照一定的标准加以归集和分类，有助于对舞弊的甄别和查处。舞弊可以有以下几种分类：

1. 按舞弊行为的主体分类可分为个人舞弊和单位舞弊

（1）个人舞弊是指企事业单位的职工和管理人员，利用账务上的处理技巧，或者经营管理上的某些漏洞，采用掩盖事实真相的种种手段以达到变国家或集体的财物为个人所有的违法行为。这种舞弊主要表现为贪污和挪用，其产生的原因有两个方面：其一是舞弊者的思想堕落和贪婪心理；其二是内部控制制度不健全或不科学造成的缺陷。

（2）单位舞弊是指企事业单位领导人为了本单位和其他成员的利益，授意有关经办人员，利用不正当和非法手段，损害国家和其他单位利益的行为。造成单位舞弊的原因主要有：

①好大喜功、效仿攀比、沽名钓誉，认识上存在缺陷。

②会计控制环境欠佳，会计人员不敢或难以坚持原则。

③单位内部没有建立对其负责人和管理人员的行为约束机制。

2. 按会计信息的载体分类可分为簿籍财务舞弊和电脑财务舞弊

（1）簿籍财务舞弊是指利用与会计账簿相关的会计资料进行造假的一种行为。它包括在原始凭证上舞弊、在记账凭证上舞弊、在会计账簿上舞弊和在会计报表上舞弊四种。

（2）电脑财务舞弊是指滥用或操纵电脑而违法图利的一种违法或违纪行为。这种行为就是通常所说的利用计算机造假，这种造假主要是电脑操纵造假，包括输入操纵、程序操纵、输出操纵等造假。

3. 按舞弊的性质分类可分为会计舞弊和经营舞弊

（1）会计舞弊一般是指只限于人为地调整账、表、卡、证等书面资料，如乱挤乱摊成本，截留、冒领财政收入或补贴，扩大开支标准或范围等违纪行为。会计舞弊一般不是财会人员自己的意愿，多数是单位领导或法人的指使，尤其是在承包企业里更显得突出和严重。

（2）经营舞弊是指在经营过程中，采用各种手段和欺骗的方式，非法获得“收益”的一种行为。经营舞弊不只是单纯地调整账、表、卡、证，但常常是通过账、表、卡、证来达到目的。如利用应收账款搞变相投资，以个人名义套取或坐支现金，利用投资中的权益法虚增资产等。

二、舞弊行为的特征和确认

（一）舞弊行为的特征

舞弊有其自身的特征，主要表现在以下四个方面：

第一，凡是舞弊行为，行为人都有不良企图，是一种故意的犯法行为。所谓不良企图，就是行为人用欺骗的手段进行违法乱纪，以达到损公肥私、损人利己的目的。故意行为是指行为人明知自己的做法是违法的，会发生危害公共利益的结果，却有意去进行。

第二，凡是舞弊行为，行为人都经过事先预谋，精心策划，并运用公开的或隐蔽的非法手段进行。诸如，在经济活动中的贪污、挪用、行贿、受贿、回扣、私分等行为，这种行为都是通过涂改凭证、伪造单据、谎报用途、更改账簿来进行的，因而较为隐蔽，具有较强的欺骗性。

第三，凡是舞弊行为，都会使国家或企业的经济和利益遭受损失。这是因为诸如营私舞弊、弄虚作假、假公济私、虚报冒领、偷税漏税、截留利润等舞弊行为，都是通过一定的技巧隐蔽进行的。所以，一般不易察觉，因而使国家或企业的经济利益遭受损失。

第四，凡是舞弊行为，多数与企事业单位或部门的内部人员密切相关。舞弊在一般情况下，多是利用权力或职务的方便进行的。因此，没有内部人员的参与或失职，舞弊是难以形成的。当然，舞弊既有一个人干的，也有几个人合谋的；有的上下串通假公济私，有的则是内外勾结、损公肥私。

（二）舞弊行为的确认

会计工作中的舞弊行为和过失错误，经常是交替或交叉，其表现形式多有相同之处，一般可结合舞弊的特征和下列几个标志来确认错账是过失错误，还是舞弊行为。

1. 国家机关、企事业单位等经济单位的财产物资是否遭受损失

一般情况下，如果财产物资遭受损失（除过失事故外），均属会计工作中的舞弊行为。

2. 是否利用职权或职务违纪或违法谋取私利

凡是利用职权或职务违纪或违法谋取私利，凡是利用职权或职务，并采用一定的手段和技巧营私舞弊，谋取私利，而使会计资料失实的，就是会计工作中的舞弊行为。

3. 是否隐蔽实情，故意弄虚作假

凡是在会计记录、会计资料上作虚假表示，以欺骗国家、上级主管部门或财政、税务、银行、审计等部门，从中非法受益的，就是会计工作中的舞弊行为。

4. 舞弊行为的定性

在确定了舞弊行为发生后，要根据其情节和手段以及造成的后果来确定其性质，即确定是舞弊行为中的哪一种。因此，应理解和掌握以下概念，以便核对和运用。

（1）贪污是指国家机关或企事业单位的工作人员利用职务上的便利，侵吞、盗窃、骗取或以其他方式非法占有公共财物的行为。

（2）挪用是指国家机关或企事业单位的工作人员，利用职务上的便利，擅自使用公款公物，准备以后归还，或把专款专物挪作他用的行为。

（3）行贿是指用财物收买国家工作人员或集体经济组织的工作人员，利用职务上的便利，为其谋取合法或非法利益的行为。

（4）受贿是指国家工作人员或集体经济组织的工作人员，利用职务上的便利，为行贿人谋取私利，而非法收受其财物或不正当利益的行为。

（5）回扣是指在商品或劳务等购销业务中，由卖方从收到的价款中退给买方单位或经办人个人的钱或物，由于这种钱是从买主支付的价款中返回的，所以叫做回扣。

（6）偷税是指纳税单位和个人有意违反税收法规，用欺骗、隐瞒等方式逃避纳税的违法行为。如伪造、涂改、销毁账册、票据或者记账凭证；少报、隐瞒应税项目、销售收入和

经营利润；虚增成本、乱摊费用、缩小利润数额；转移资产、收入和利润的账户，逃避应纳税款等，都属于偷税行为。

指使、授意和怂恿进行上述违法行为的，也属于偷税行为。

(7) 抗税是指纳税单位和个人抗拒按照税法规定履行纳税义务的违法行为。如拒不执行税法规定缴纳税款；以各种借口抵制税务机关纳税通知，拒不纳税；拒不按照法定手续办理纳税申报和提供纳税资料；拒绝接受税务机关依法进行纳税检查；聚众闹事、威胁围攻税务机关和殴打税务干部等行为，都属于抗税行为。

唆使、包庇上述违法行为的，也属于抗税行为。

(8) 漏税是指纳税单位和个人属于无意识而发生的漏缴或少缴税款的行为。如由于不了解、不熟悉税法规定和财务制度或因工作粗心大意，错用税率，漏报应税项目，不计应税数量、销售总额和经营利润等。

(9) 欠税是指纳税单位和个人超过税务机关核定的纳税期限，没有按时缴纳，拖欠税收的行为。

(10) 违纪是指在财经工作中违反了财经纪律和财政法规及有关制度，从而影响了国家利益的行为。实际工作中泛指违反了法律、法令、条例等法规以及党和国家的方针、政策、纪律、制度等行为。

(11) 违法是指社会组织或公民个人由于过错而违犯了法律的有关规定，致使社会关系和社会秩序受到破坏的行为。构成违法行为必须具备四个基本条件：

第一，必须是一种危害社会的客观行为，单纯的思想活动没有通过客观行为表现出来，不能认定为违法行为。

第二，必须有被侵害的客体，而这种客体是受法律保护的，即破坏了法律所保护的社会关系和社会秩序。

第三，行为者必须有过错，而这种过错是出于故意或过失。

第四，违法的主体必须具有责任能力。按照法律规定，只有具备理解、辨认和控制自己行为能力的人，才能成为违法行为的主体。

(12) 犯罪是指触犯刑法，应受刑事处分的严重违法行为。它与一般违法行为有严格的区别。犯罪具有以下三个特征：

第一，客观上具有危害社会的行为，这是犯罪的本质特征。

第二，主观上具有故意或过失的行为。

第三，犯罪是应受刑法惩罚的行为。

(13) 滥用职权罪是指国家机关工作人员滥用职权，致使公共财产、国家和人民利益遭受重大损失的行为。本罪的客体是国家机关的正常管理活动。客观方面表现为滥用职权，致使公共财产、国家和人民利益遭受重大损失的行为。

(14) 玩忽职守罪是指国家机关工作人员玩忽职守，致使公共财产、国家和人民利益遭受重大损失的行为。本罪的主体是国家机关工作人员；在依照法律、法规规定行使国家行政管理职权的组织中从事公务的人员；在受国家机关委托代表国家机关行使职权的组织中从事公务的人员；虽未列入国家机关工作人员编制但在国家机关中从事公务的人员。

(15) 私分国有资产罪是指国家机关，国有公司，企业、事业单位，人民团体，违反国家规定，以单位名义将国有资产私分给个人，数额较大的行为。本罪的犯罪对象为国有资产。违反国家规定，是指违反国家有关管理、使用、保护国有资产的法律、行政法规的规定。涉嫌私分国有财产，累计数额在10万元以上的，应予立案。

三、现实社会舞弊的特点与甄别

（一）现实社会舞弊的特点

随着改革开放的深入和企业的简政放权，一些不法之徒不断变换舞弊的手段，采取了更加隐蔽的形式来逃避查处。因而，现实生活中舞弊具有以下特点：

1. 舞弊情形复杂化

（1）假发票。假发票是逃避检查的主要情形之一，但具体情况又各有不同。有的是张冠李戴，以公款购物为个人所有；有的纯系伪造，套取现金等。这种假发票多系提供假证据方与需要方勾结，有会计、采购人员接受领导指示“变通”的，也有经办人自己“灵活”的。

（2）假提取。假提取是指巧立名目提取有关费用，而实际上则是乱发实物和奖金。比如，预提设备修理费，然后持修理费单据提取现金，贪污或私分现金等，而实际上却没有维修设备。

（3）假购进。假购进是指某些单位以生产所需或工作需要，购进有关物资和商品，然后发放给职工，从中偷漏税款或损害国家利益的行为。

（4）假借款。假借款是指以企业的名义举借债务，然后转手又借给有关人员，使个人或小集团从中受益，而企业或单位却要支付利息。

（5）假销售。假销售是指开出发票，以销售实现入账，然后又拿来采购单据，进行购进的账务处理，在商品或产品没动的情况下，相关的“合作人”却得到了“收益”。

（6）假应收账款。假应收账款是指企业销售已收到货款，但却以应收账款记账，或应收账款已收回，却仍在挂账，而把款项贷出去或私自对外投资从中渔利。

（7）假报消耗。假报消耗是指机关企事业单位，为了达到私分物资或现金的目的，而虚报消耗物资或材料，从中骗取现金，供经办人或小集团贪污或私分。

（8）假上交。假上交是指以上交有关款项为由，将本单位的资金划转到主管部门或相关单位，然后主管部门或相关单位又将所划款项的一定数额返回划转单位，供划转单位吃喝挥霍。

2. 舞弊手段多样化

（1）在会计资料上动手脚。会计资料指的是原始凭证、记账凭证、会计账簿和会计报表。在会计资料上动手脚主要有涂改、伪造凭证；毁掉、转移账目或账外设账；虚开发票入账、隐瞒收入、偷漏税款等。

（2）在联营、投资上做文章。随着经济形势的发展，横向经济联合日益增多，这样有的企业借联营之机钻空子，或以横向联营为名，浑水摸鱼，慷国家之慨，中饱私囊。还有的企业以对外投资为借口，造成国有资产的流失，甚至较少或没有投资收益，经办和相关人员从中“渔利”。

3. 舞弊的形式多元化

（1）由公开转入隐蔽。在以往的财务、税收、物价大检查中，发现的问题多半是在账面上明摆着，检查出来便改正，否则就蒙混过关。而今已由公开转为隐蔽，由账内转到账外，通过小金库收支，因而难以查处。

（2）由单位内转到单位外。有的机关或企事业单位，鉴于反腐败力度的加大和检查的严格，常将舞弊所需资金通过“赠送”、“救灾”、“联营”、低价转让资产收受回扣等形式，转到上级、下级或有业务往来的单位，从而将不能合法入账的支出转到外单位去处理。

（3）支出业务由假变真。有的单位通过开假发票、假广告费收据、假劳务凭证、假非常损失单据等，使不合法的业务披上了合法的外衣。因为凭证合规、手续健全、业务正常，因而，不易通过账面发现和查处。

（4）次数由多变少、金额由小变大。以往在财务、税收、物价大检查中发现的舞弊情况，大多是小金额、多重复。而今则多为大金额、不重复，因而在当今进行的抽样审计中容易造成疏漏，危害很大。

（二）现实社会舞弊的甄别

1. 对舞弊原始凭证的甄别

（1）对刮擦原始凭证的甄别。“刮擦”是指用机械方法（橡皮擦或小刀刮）把凭证上有关文字内容的字迹擦去或刮去，添上自己需要的文字内容，这是造假原始凭证的一种常见手段。刮擦的原始凭证，纸张表层的完整性受到损坏，被刮擦处纸的纤维松乱并较其余表面略显凸起，纸张变薄，纸面光泽消失，格线受损，一般还留有被去掉原文字的残存笔画。甄别的方法，可迎光亮观察，能看清纸张上有文字的表层除去的迹象，用放大镜或显微镜检验，对刮擦处的上述特征，会看得更清楚，从而决定进一步甄别的方式和方法。

（2）对篡改原始凭证的甄别。篡改原始凭证有三种情况，一是对阿拉伯数字的篡改，如把1改成4，6，7，9或3改成8等；二是大写数字“另”字，在其前面加个“扌”，后面加个“刂”，“另”字就成了捌字；三是篡改原始凭证的抬头及经济内容。客观真实的原始凭证在填制时，笔迹一般连贯一体，有一气呵成之感，字的结构、字体的大小与走向，字的力度和间距，字行的空白与墨水浓淡、笔画的刚柔粗细，均有一定的势态和规律。甄别时，应从笔迹特征上去分析，通过笔迹的势态、力度、字行的间距和间架结构等方面仔细审阅，看有无矫揉造作、精雕细刻之处，特别是有无不必要的修饰与重描，从中找出“蛛丝马迹”。

（3）消退原始凭证的甄别。“消退”是通过某些化学药水，把原始凭证上的文字完全或部分地消退，再写上需要的文字。经化学药水处理过的原始凭证，其腐蚀部位纸张表面光泽消失，形成一些细微裂纹和褶皱，纸质变脆，仔细观察即有隐约可见的文字印痕。现实生活中，一些不法分子主要是用消字灵或魔笔等消退字迹。甄别的办法：一是消退后，只要时隔数日，所改之处仍呈现出微色的痕迹或凸凹不平；二是将纸张放在足光下细看，仍能发现原来的字迹。这样对具有消退特征的原始凭证，就可以重点审查和追查，直至“水落石出”。

（4）窃取原始凭证的甄别。有些单位或个人由于某种需要，利用各种手段从外部单位取得空白原始凭证，按照需要进行造假舞弊。由于从外单位取得空白发票，都是先盖章后填写，因此，可以从盖章和文字书写顺序上进行甄别。如果是先写钢笔字，后盖章，钢笔字在印泥处会变深。反之，钢笔字在印泥处会发生断痕。如果用圆珠笔书写，先填写后盖章，印泥与圆珠笔相汇，使字迹变暗淡。如果先盖章，后用圆珠笔字书写，则圆珠笔字在印泥处会出现断痕。如果是圆珠笔复写的字迹，先盖章后书写的，交叉部位的特征和钢笔字书写特征相同。甄别时，可根据上述特征，确定是否有问题，若有问题则应搞清“来龙去脉”。

对原始凭证的甄别，还应在掌握上述方法的基础上，根据实际和经验去判断移花接木的原始凭证、大头小尾的原始凭证、重复报销的原始凭证和伪造的原始凭证等。

2. 对舞弊记账凭证的甄别

（1）对瞒天过海记账凭证的甄别。瞒天过海记账凭证是指在无原始凭证的情况下或用不合乎规定的原始凭证编制记账凭证，据以登账的舞弊行为。《会计基础规范》明文规定，必须根据审核无误的原始凭证编制记账凭证。但红字更正法和补充登记法以及编制单式凭证的除外。因此，对于无原始凭证而编制收款凭证、付款凭证和转账凭证的情况，一般都可能存在舞弊行为。所以，会计检查或审计人员应一查到底。

（2）对混淆科目对应关系的甄别。在借贷记账法下，一般为一借多贷或一贷多借，特殊情况下也存在多借多贷，但科目对应关系必须明确。对于不相关的业务合并一起编制记账凭证，一般可能存在舞弊行为。例如，2010 年 9 月 16 日，某服务公司所属的食堂售出给某单位菜油 120 公斤，每公斤单价 4.20 元，共计 504 元。对方单位以转账支票付款，该食堂会计并未编制“销售收入”和“银行存款”504 元的记账凭证，而把这笔经济业务与一笔出售饭菜票的经济业务合并在一起，编制混淆经济业务和会计科目的记账凭证，其分录是：

借：银行存款　　504
　　现金　　2 174.53
　　贷：库存饭（菜）票　　2 678.53

这样一来，可以使人误以为收入款项已经通过银行进了账，如实反映了。其实是把菜油的销售收入 504 元隐匿下来，并用此款抵了饭菜票出售的现款，从而套取现金 504 元据为己有。因此，甄别的方法是审阅和核对合并业务编制记账凭证的情形以确定其真伪。

（3）对移花接木记账凭证的甄别。所谓移花接木记账凭证，是指记账凭证列示的借方和贷方金额与原始凭证金额不相符，以达到某种目的的行为。由于记账凭证是根据审核无误的原始凭证编制的，因此，记账凭证与有关原始凭证的张数及数额必须一致。然而，在实际工作中，有的单位和个人就是在记账凭证与原始凭证之间加大数据，进而达到贪污的目的。例如，某单位 2010 年 7 月 7 日的一张记账凭证上的分录是：

借：管理费用——咨询费　　687.56
　　贷：现金　　687.56

记账凭证注明所附原始凭证 13 张，但 13 张原始凭证的金额之和只有 637.56 元。这种舞弊是加大合计数，虽然记账凭证注明附件张数与实际原始凭证张数一致，但金额不符，移花接木，从而贪污现金 50 元。因此，对移花接木的甄别方法是审阅和核对证证是否相符，从而保证其真实性和正确性。

（4）对张冠李戴记账凭证的甄别。张冠李戴记账凭证是指会计科目与经济业务内容不相符，或者原始凭证经济内容与会计凭证的摘要说明不一致，进而达到损公肥私目的的一种舞弊行为。例如某单位 2010 年 6 月 7 日有一张费用开支发票是白铁桶两只共 24 元，可是记账凭证内容摘要则为“购电热灭蚊器”一只 24 元，后经查实，是私人购物在单位报销。因此，对张冠李戴记账凭证的甄别也主要是核对证证是否相符，从而保证其真实和正确。

3. 会计账表舞弊的甄别

（1）对结账舞弊的甄别。结账，就是把一定时期内的记账凭证登记入账后，计算出各个账户的本期发生额及期末余额，据以编制会计报告并将余额结转下期或新的账簿的工作。有的单位的个别会计人员利用结账多结转或少结转数额，从中进行舞弊。例如，某公司会计张某某2010年6月23日在登记“销售”账户过次页时，把前一页最后一行（即转次页行）所填销售收入贷方余额76 374.57元，转到次页的第一行时（即承前页行）记为76 324.57元，少记为50元；同时，为了窃取现金，故意把6月24日现金结账转余额967.36元虚结为917.36元，少结50元，然后从出纳员那里设计取走现金50元。因此，甄别的方法是审核和核对结转额，对不一致的业务应追查到底。

（2）对挂账舞弊的甄别。挂账，就是到期末往来账户和结算账户的经济业务没有结清，而暂时尚有余额的情形。而采用挂账进行舞弊，则是本来应结清债权而不结清，挪用资金，或本应记入收入账户，却记入债务账户过渡，而后设法盗用资金、截留收入或转移资金的行为。例如，某供电公司其主要业务是买电卖电。该公司为了逃避交税，隐瞒利润，转移资金，会计人员按领导旨意自行虚设一个账户，即“应付购货款——白溪105电站”账户，假制“送电结算单”。该公司从2007年11月至2010年8月期间，制假“送电结算单”29张，虚增购电926万度，虚增成本46.3万元。因此，对挂账舞弊行为的甄别，应重点审查负债业务，尤其是“其他应付账”和“应付账款”应作为重中之重。凡属无对方客户或业务不正常的都应查询、取证，直至弄清为止。

（3）对账外账舞弊行为的甄别。账外账是一些单位为了小集团的利益，采用不正当手段将部分收入不记入正常财务活动的账内，而是另外设一本账，且不在会计报表中反映，把这部分收入的原始凭证单独保管，隐匿起来，以便随时挥霍的情形。现在，有一些企事业单位存有两本账，一本是大账，即记录正常业务的账；另一本是小账，颇有几分秘密色彩的暗账，人们称之为“小金库”，即账外账。小金库的资金来源主要有：额外收益、联营利润、提取价差、以领（借）代报、罚没收入和收益回扣等。因此，其甄别的方法就是针对小金库的资金来源和渠道，通过审阅、核对、调查询问、走访群众、动员当事人揭发和举报等发现问题，进而进行追查和处理。

（4）对会计报表舞弊的甄别。一般来说，经过对原始凭证、记账凭证以及会计账簿的审核和甄别后，报表的数字若来自各账户的期末余额，就不存在舞弊行为。否则，报表项目内容不真实，账表、表表的勾稽关系不相符，就说明存在舞弊行为的可能性极大。届时采用的甄别方法主要是审阅核对报表项目的数字，复核账表和表表之间的勾稽关系，尤其是要将向财政、税务、主管部门和股东大会报送的报表相核对，揭露好大喜功、报喜不报忧、承包私分、资产流失等行为，从而保证国家或集体财产不受侵害，保证国家或股东资产的保值和增值。

第二章 审计操作业务实训

第一节 审计准备阶段主要操作业务实训

一、审计实施方案的格式及内容

（一）审计实施方案的涵义

《国家审计机关审计方案细则》将审计方案表述为：“是指审计机关为了顺利地完成审计任务达到预期目的，在实施审计前对审计工作所作的计划和安排”。审计方案包括审计工作方案和实施方案。审计工作方案是由审计机关为了宏观管理而制订的总体工作计划。审计实施方案是审计组为了完成审计项目任务，从发出审计通知书到处理审计报告全部过程的工作安排。

（二）审计实施方案的内容

审计实施方案的主要内容包括：编制的依据；被审计单位名称和基本情况；审计目标；审计范围、内容和重点；重要性的确定及审计风险的评估；预定的审计工作起讫日期；审计组组长、审计组成员及分工；编制的日期；其他相关内容。

（三）审计实施方案的批准及调整

审计实施方案由审计组编制，经审计组所在部门负责人审核，报审计机关主管领导批准后，由审计组负责实施。

审计组在实施审计过程中，如果发现审计实施方案中有不适应实际需要的内容，可以根据具体情况，按着规定进行修改和补充。

审计组调整审计实施方案时，应当向审计组所在部门负责人说明调整理由，提出调整建议，一般事项报经审计组所在部门负责人批准后实施，重要的事项报经审计机关主管领导批准后实施。

（四）审计实施方案的格式

审计实施方案的格式参见表2－1。

表 2－1 审计实施方案

被审计单位名称	
编制依据	
审计计划时间	
审计目标	
审计范围内容和重点	
人员分工	

编制日期：

（五）审计实施工作方案实例

例 2－1

关于白鹤县文体局 财务收支的审计实施方案

签发人：张华 2007 年 7 月 18 日

一、方案编制依据

根据《中华人民共和国审计法》有关规定和我局 2007 年工作安排编制。

二、被审计单位的名称和基本情况

被审计单位白鹤县文体局共有职工 19 人，离退休职工 5 人。现有固定资产 471 692.00 元，其中：文化局 151 692.00 元，体委 320 000.00 元。单位经费由财政拨款。

三、审计目标

评价该单位内部控制制度的健全性和有效性，纠正违纪违规问题，促进该单位加强资金管理，提高资金使用效益。

四、审计的范围、内容和重点

（一）审计的范围是局机关及所属事业单位 2000 年度财务收支情况，如有需要，可延伸至其他年度。

（二）审计的内容和重点

1. 财政拨款是否及时记入有关经费账户，并及时存入银行专户。

2. 是否做到专款专用，有无截留、挪用专用资金现象。

3. 事业费支出是否按计划执行，有无超计划开支问题。人员经费支出是否按规定的范围和标准列支，有无擅自提高开支标准、扩大开支范围和违反规定发放奖金、补贴、津贴等问题。

五、预定的审计工作起讫日期

2007年7月16日至7月24日，了解该单位的基本情况，制定审计实施方案；2007年7月25日，送达审计通知书；2007年7月30日至9月11日，实施审计；2007年9月12日至10月18日，提出审计报告，征求被审计单位意见，拟定审计意见书、审计决定书；2007年10月19日至10月22日，送达审计意见书、审计决定书。

2007年7月18日

二、审计通知书的涵义及内容

（一）审计通知书的涵义

审计通知书是审计机关通知被审计单位接受审计的书面文件，是审计组执行审计任务，进行审计调查取证的依据。审计人员向有关单位和个人进行调查取证时，应当出示审计人员的工作证件和审计通知书副本。

《中华人民共和国审计法》规定“审计机关根据审计项目计划确定的审计事项组成审计组，并应当在实施审计三日前，向被审计单位送达审计通知书”。在实际工作中可以直接送达，也可以邮寄送达。直接送达的，以被审计单位在回执上注明的签收日期为送达日期，邮寄送达的，以回执上注明的收件日期为送达日期。

（二）审计通知书的主要内容

审计通知书的主要内容包括：被审计单位名称，审计依据、范围、内容和方式，必要的追溯和延伸事项，审计的起始日期和预计终结日期，审计组组长及成员的姓名、职务或职称，对被审计单位提出配合审计工作的要求。

（三）审计通知书的格式要求

在实际工作中，审计通知书所用纸张是一已印有名头的专用纸。届时可根据审计项目的性质、特点和相关要求，措辞、成文、打印。但不论在何种情况下，其基本格式一样。参见例2-2。

例2-2

×××审计局
审计通知书

文件号

关于×××××××的通知

被审计单位名称：

正　文

审计组长：

审计组成员：

年 月 日

（四）审计通知书实例

审计通知书实例参见例2－3。

例2－3

白鹤县审计局
审计通知书

审白鹤通［2007］11号

白鹤县审计局
关于审计文体局2000年财务收支的通知

白鹤县文体局：

根据我局2007年的工作安排，决定于2007年7月30日起对你单位2006年度财务收支情况进行就地审计，如遇重大问题可追溯到以前年度或延伸审计有关单位，望你单位提供必要的工作条件和会计资料，给予积极配合。

审计组长：陈清

审计组成员：王辉

白鹤县审计局（公章）

二〇〇七年七月二十五日

主题词：审计 财务 收支 通知

局内存档（1）份

共印4份

三、审计业务约定书的涵义及内容

（一）审计业务约定书的涵义

审计业务约定书是会计师事务所与委托人共同签订的，据以确定审计业务的委托与受托关系，明确委托目的、审计范围和双方责任与义务等事项的书面合约。签订审计业务约定书是民间审计的特有审计程序。

（二）审计业务约定书的内容

审计业务约定书应包括的基本内容是：签订双方的名称、委托的目的、审计范围、会计责任与审计责任、签约双方的义务、出具审计报告的时间要求、审计报告的使用责任、审计收费、审计业务约定书的有效时间、违约责任、签约时间、签约双方认为应当约定的其他事项。

审计业务约定书的另一项重要内容就是明确签约双方的义务。委托人的主要义务是及时地向注册会计师提供所要求的全部资料，为注册会计师的审计提供必要的条件和合作，并按约定条件及时定额支付审计费用。会计师事务所的主要义务是按照约定时间完成审计任务，出具审计报告，并保守知悉的客户秘密。

（三）审计业务约定书的格式

审计业务约定书的格式参见例2－4。

例2－4

审计业务约定书

甲方：

乙方：×××会计师事务所

兹由甲方委托乙方进行　　　年度会计报表审计，经双方协商，达成以下约定：

一、业务范围及目的

乙方接受甲方委托，对甲方　　　年度12月31日资产负债表以及截止该年度损益表及财务状况变动表进行审计。

乙方将根据中国注册会计师独立审计准则，对甲方的内部控制制度进行研究和评价，对会计记录进行必要的抽查，以及在当时情况下乙方认为必要的其他审计程序，并在此基础上对上述会计报表的合法性、公允性及会计处理方法的一贯性发表意见。

二、甲方的责任与义务

建立健全内部控制制度，保护资产的安全、完整，保证会计资料的真实、合法、完整，保证会计报表充分披露有关的信息，是甲方的会计责任。

为乙方的审计提供所需要的全部会计资料和其他有关资料。

为乙方派出的有关工作人员提供必要的工作条件和配合。

按本约定书第　　项之规定及时足额支付审计费用。

三、乙方的责任与义务

按照中国注册会计师独立审计准则的要求进行审计，出具审计报告，保证审计报告的真实性、合法性。

对执行业务过程中知悉的甲方商业秘密严加保密。除非中国注册会计师协会执业准则另有规定，或经甲方同意，乙方不得将其知悉的商业秘密和甲方提供的资料对外泄露。

审计工作结束后，乙方将根据情况对甲方会计处理、内部控制制度及其他事项等提出改进意见。

乙方在　　年　　月　　日之前出具审计报告。

四、审计责任与会计责任

由于注册会计师的审计采取事后重点抽查的方法，加上甲方内部控制制度固有的局限性和其他客观因素制约，会计报表在某些重要的方面难免存在反映失实，而注册会计师又可能在审计中未予发现的情况，因此，乙方的审计责任并不能替代、减轻或免除甲方的会计责任。

五、审计收费

乙方应收本约定审计事项的费用，按照《××省会计师事务所业务收费标准及管理规定》的计费标准确定，收费为　　　元。

甲方应在本约定书签署后预付上述费用的　　%，其余的　　%在乙方提交审计报告时一次付清。

六、审计报告的使用责任

乙方向甲方出具的审计报告一式　　份，这些报告由甲方分发、使用，使用不当的责任与乙方无关。

七、约定书的有效期间

本约定书一式两份，甲乙方各执一份，并具有同等法律效力。

本约定书自　　年　　月　　日起生效，并在本约定事项全部完成日之前有效。

八、约定事项的变更

由于出现不可预见的情况，影响审计工作如期完成，或需提前出具审计报告，甲乙双方可要求变更约定事项，但应及时通知对方，并由双方协商解决。

九、违约责任

甲乙双方按照《中华人民共和国经济合同法》的规定承担违约责任。

甲方：　　　　　　　　　　　　乙方：

（签章）　　　　　　　　　　　　（签章）

法人代表（或授权人）　　　　　　法人代表（或授权人）

（签章）　　　　　　　　　　　　（签章）

年　　月　　日　　　　　　　　　年　　月　　日

（四）审计业务约定书实例

审计业务约定书实例参见例2－5。

例2－5

审计业务约定书

甲方：海龙食品有限公司

乙方：普惠会计师事务所

兹由甲方委托乙方进行2006年度（或中期）会计报表审计，经双方协商，就以下事项达成一致意见：

一、审计范围及目的

乙方接受委托，对甲方2006年12月31日资产负债表以及该年度的损益表和财务状况变动表（或现金流量表）进行审计。

乙方将根据《中国注册会计师独立审计准则》，对甲方的内部控制制度进行研究和评价，对会计记录进行必要的抽查，以及实施在当时情况下乙方认为必要的其他审计程序，并在此基础上对上述会计报表的合法性、公允性及会计处理方法的一贯性发表审计意见。

二、甲方的责任与义务

甲方的责任是：建立健全内部控制制度，保护资产的安全、完整，保证会计资料的真实、合法、完整，保证会计报表充分披露有关信息。

甲方的义务是：

1. 及时为乙方的审计工作提供所要求的全部会计资料和其他有关资料。

2. 为乙方派出的工作人员提供必要的工作条件及合作。

3. 及时足额支付审计费用。

三、乙方的责任与义务

乙方的责任是：按照《中国注册会计师独立审计准则》的要求进行审计，出具审计报告，保证审计报告的真实性、合法性。乙方的审计责任并不能代替、减轻或免除甲方的会计责任。

乙方的义务是：

1. 在2007年1月31日之前完成审计业务，出具审计报告。

2. 对执行业务过程中知悉的甲方商业秘密严加保密。除中国注册会计师执业准则另有规定，或经甲方同意外，乙方不得将其知悉的甲方商业秘密和甲方提供的资料对外泄露。

四、审计收费

本约定审计事项的费用，按照乙方实际参加本项审计业务各级职别工作人员所花费的时间及收费标准，预计为17 000元。在本约定书签订之日，甲预付50%，计8 500元。其余部分在提交审计报告时一次付清。

如因审计工作遇到重大问题，致使乙方实际花费的审计工作时间有较大幅度的增加，经甲乙双方协商调增审计费用。

五、审计报告的使用责任

乙方向甲方出具的审计报告一式5份，这些报告由甲方分发、使用。恰当使用审计报告是甲方的责任，如出现使用不当情况与乙方无关。

六、约定书的有效期间

本约定书一式2份，甲乙方各执一份。

本约定书自签订之日起生效，并在本约定事项全部完成之日前有效。

七、约定事项的变更

本约定书签订后，如果出现未预见情况，影响乙方审计工作的如期完成，或甲方要求提前出具审计报告，经双方协商一致可以变更以上约定事项。

八、违约责任

若出现违反以上约定事项的情况，双方应按照《中华人民共和国经济合同法》的规定承担违约责任。

九、甲乙双方对其他有关事项的约定

甲方：海龙食品有限公司（章）
代表：赵大伟
联系电话：8346545
2006 年 12 月 20 日
签约地址：海龙食品有限公司

乙方：普惠会计师事务所（章）
代表：李海涛
联系电话：2836548
2006 年 12 月 20 日

四、审计计划的涵义及其内容

（一）审计计划的涵义

审计计划包括总体审计计划和具体审计计划。

总体审计计划是对审计的预期范围和实施方式所做的规划，是注册会计师从接受审计委托到出具审计报告整个过程基本工作内容的综合计划。具体审计计划是依据总体审计计划制定的，对实施总体审计计划所需要的审计程序的性质、时间和范围所做的详细规划与说明。我们这里所说的审计计划是指总体审计计划。

（二）总体审计计划的内容

总体审计计划的基本内容应当包括：被审计单位的基本情况；审计目的、审计范围及审计策略；重要会计问题及重点审计领域；审计工作进度及时间、费用预算；审计小组组成及分工；审计重要性的确定及审计风险的评估；对专家、内部审计人员及其他审计人员工作的利用；其他有关内容。

会计师事务所业务负责人，需要对总体审计计划进行审核，审核的主要内容是：审计目的、审计范围及重点审计领域的确定是否恰当；对被审计单位的内部控制的信赖程度是否恰当；对重要性的确定及审计风险的评价是否恰当等。

（三）总体审计计划的格式

总体审计计划的格式参见表 2－2。

表 2－2

会计师（审计）事务所

总体审计计划

被审计单位		编制人		日　期		页　次	
会计期间或截止时间		复核人		日　期		索引号	Z11
审计目的							
审计范围							
审计策略							
审计重点							

续表

<table>
<tr><td colspan="6">人员组成：　　　　项目负责人　　　　签证注册会计师　　　　助理人员</td></tr>
<tr><td colspan="2">工　作　内　容</td><td>时间预算</td><td>执行人员</td><td>执行日期</td><td>简　签</td></tr>
<tr><td colspan="2">了解企业基本情况，签订约定书</td><td></td><td></td><td></td><td></td></tr>
<tr><td rowspan="3">资产类
审计</td><td></td><td></td><td></td><td></td><td></td></tr>
<tr><td></td><td></td><td></td><td></td><td></td></tr>
<tr><td></td><td></td><td></td><td></td><td></td></tr>
<tr><td rowspan="3">负债类
审计</td><td></td><td></td><td></td><td></td><td></td></tr>
<tr><td></td><td></td><td></td><td></td><td></td></tr>
<tr><td></td><td></td><td></td><td></td><td></td></tr>
<tr><td rowspan="2">所有者权益类
审计</td><td></td><td></td><td></td><td></td><td></td></tr>
<tr><td></td><td></td><td></td><td></td><td></td></tr>
<tr><td rowspan="2">损益类
审计</td><td></td><td></td><td></td><td></td><td></td></tr>
<tr><td></td><td></td><td></td><td></td><td></td></tr>
<tr><td rowspan="2">重要事项类
审计</td><td></td><td></td><td></td><td></td><td></td></tr>
<tr><td></td><td></td><td></td><td></td><td></td></tr>
<tr><td colspan="2">整理、复核审计工作底稿</td><td></td><td></td><td></td><td></td></tr>
<tr><td colspan="2">撰写、出具审计报告</td><td></td><td></td><td></td><td></td></tr>
</table>

（四）总体审计计划实例

审计计划实例参见例2-6。

例2-6

海龙食品有限公司总体审计计划

通过海龙食品有限公司有关情况的了解及对财务状况的概略性分析特制定如下计划：

1. 审计策略

在内部控制制度符合性测试基础上进行有限实质性测试。

2. 重要会计问题及重点审计领域

（1）存货及往来账项的实质性测试。

（2）工资及各项附加的实质性测试。

（3）预提费用的实质性测试。

（4）销售收入及成本费用结转的详细审查。

（5）利润分配的实质性测试。

3. 重要水平

（1）调整分录：总资产的1%，即人民币7.2万元。

（2）重分类分录：总资产的2%，即人民币14.4万元。

4. 审计小组组成、时间及费用预算

（1）审计小组构成。

项目负责人：李海涛

小 组 成 员：张松　　赵永胜

（2）时间安排。

①1月6日与公司管理当局召开审前会议，了解情况，安排对存款、债权、债务的函证。

②1月7日进行总体分析及编制审计计划，并送部门经理、主任会计师审核。

③1月7日进行一般内控制度调查并对其进行符合性测试。

④1月8日起进行实质性测试。

⑤1月16日整理审计档案，提交部门经理、主任会计师审核。

⑥1月17日出具管理建议书草案及审计报告书，未定稿送公司董事会审阅及出具审计报告。

（3）费用预算如下：

<table>
<tr><td colspan="2">人　员</td><td colspan="2">标准（元/工时）</td><td>工　时</td><td colspan="2">金额（元）</td></tr>
<tr><td colspan="2">李海涛
张　松
赵永胜</td><td colspan="2">150
45
45</td><td>70
70
70</td><td colspan="2">10 500
3 150
3 150</td></tr>
<tr><td colspan="2">合　计</td><td colspan="2"></td><td></td><td colspan="2">16 800</td></tr>
<tr><td>编制人</td><td>日　期</td><td>复核人</td><td>日　期</td><td rowspan="3">普惠会计师事务所</td><td>索引号</td><td>页次</td></tr>
<tr><td rowspan="2">李海涛</td><td rowspan="2">2007.1.7</td><td>宋　伟</td><td>2007.1.7</td><td rowspan="2">Zb</td><td rowspan="2">1</td></tr>
<tr><td>马福利</td><td>2007.1.7</td></tr>
</table>

附表：1. 被审计单位基本情况表

　　　2. 资产负债表分析底稿（一）（二）

附表1

基 本 情 况 表

<table>
<tr><td colspan="2">被审计单位名称</td><td colspan="2">海龙食品有限公司</td><td colspan="2">被审计单位性质</td><td>中外合资</td></tr>
<tr><td colspan="2">法定地址</td><td colspan="2">长岭西环路5号</td><td colspan="2">邮政编码</td><td>122300</td></tr>
<tr><td>法人代表</td><td>赵大伟</td><td>联系人</td><td>王　丽</td><td colspan="2">联系电话</td><td>8346545</td></tr>
<tr><td colspan="2">合同批准文号及日期</td><td colspan="5">辽府资字09035号2003年8月15日</td></tr>
<tr><td colspan="2">营业执照批号及日期</td><td colspan="5">工商企合字00885号2003年8月15日</td></tr>
<tr><td colspan="2">上级主管部门</td><td colspan="5">财政局</td></tr>
<tr><td>经营范围</td><td colspan="6">方便面的生产、销售</td></tr>
<tr><td>职工人数</td><td>120人</td><td colspan="2">其中外方：1人</td><td colspan="3">高级职员：3人</td></tr>
<tr><td>投资总额</td><td>4 629 440</td><td>注册资本</td><td>4 629 440</td><td colspan="2">注册币种</td><td>人民币</td></tr>
</table>

续表

投资者（或股东名称）		出资额		出资比例		变更情况	
甲方：永发食品公司 乙方：香港万利有限公司 丙方： 丁方：		3 472 080 1 157 360		75% 25%			
董事会人数	6	董事长	赵大伟	副董事长		李洪基	
总经理	赵大伟	副总经理		总会计师		王　丽	
财会人数	3	财务负责人	王　丽	财务电话		8346545	
备注							

编制人		复核人	日　期		索引号	页次
李海涛	2007.1.7	宋　伟	2007.1.7	普惠会计师事务所	Zb	2
		马福利	2007.1.7			

附表2

资产负债表分析工作底稿（一）

2006年12月31日

项　　目	上期数	本期数	增减%	本期数占总资产的%	确定重点审计领域	重要性水平分　配
现金	350	410	17	0.01		100
存款	313 300	275 000	-12	3.82		2 000
应收票据	30 000	100 000	233	1.39	√	1 000
应收账款	1 224 000	1 326 000	8	18.44	√	14 080
减：坏账准备	3 762	3 978	6	0.05		40
预付货款	212 000	246 000	16	3.42	√	2 800
其他应收款	12 400	13 988	13	0.19		80
存货	1 838 200	2 065 000	12	28.72	√	26 800
长期股权投资	157 000	158 000	8.69	2.20		1 300
固定资产	3 086 000	3 146 000	2	43.76	√	24 000
减：累计折旧	375 480	568 620	51	7.91		4 000
无形资产	312 000	288 000	8	4.01		2 400
长期待摊费用	156 000	144 000	8	2.00		1 200
合　计	6 962 008	7 189 800		100.00		72 000

编制人		复核人	日　期		索引号	页次
李海涛	2007.1.7	宋　伟	2007.1.7	普惠会计师事务所	Zb	3
		马福利	2007.1.7			

附表2－1

资产负债表分析工作底稿（二）

2006年12月31日

项目	上期数	本期数	增减%	本期数占总资产的%	确定重点审计领域	重要性水平分配
短期借款	300 000	200 000	－33.0	2.78		2 000
应付账款	736 678	784 776	6.53	10.91	√	13 400
预收货款	38 000	25 000	－34.2	0.35		300
其他应付款	469 150	496 224	5.8	6.90	√	15 000
应交税费	125 000	187 000	49.6	2.60		1 800
应付股利	163 380	268 000	64.03	3.73	√	7 800
长期借款	500 000	500 000		6.95		1 000
实收资本	4 629 440	4 629 440		64.39		30 000
资本公积	360	99 360	27.5	1.38	√	1 000
合计	6 962 008	7 189 800		100.00		72 000

编制人		复核人	日期	普惠会计师事务所	索引号	页次
李海涛	2007.1.7	宋伟	2007.1.7			
		马福利	2007.1.7		Zb	4

五、审计风险的预测及分析

（一）审计风险的涵义

审计风险是指审计人员审计后对财务报告发表不恰当审计意见的可能性。它有两种情况：一种是财务报表存在重大误报，而审计人员审计后发表了无保留审计意见；另一种是财务报表不存在重大误报，而审计人员审计后发表了非无保留审计意见。审计风险包括固有风险、控制风险和检查风险。

固有风险、控制风险和检查风险三者存在着密切的关系，从定量的角度看，审计风险三要素间的关系可用公式表示为：

审计风险＝固有风险×控制风险×检查风险

（二）审计风险要素及其分析

审计风险的要素由固有风险、控制风险和检查风险三个要素构成。其中，固有风险和控制风险与被审计单位内部控制是否存在、是否有效有关，审计人员通过研究和评价被审计单位的内部控制，可以对被审计单位固有风险和控制风险的高低做出评估。在此基础上，审计人员可确定实质性测试的性质、时间和范围，以便将检查风险以及总体审计风险降低至可接受水平。

1. 固有风险

固有风险是在假定被审计单位没有任何相关的内部控制的情况下，某一账户或某一类经济业务本身或连同其他账户或经济业务一起发生重大的误报的可能性。就是说，固有风险是由于某些经济业务或账户的特性引起的，是这些经济业务或账户所固有的，撇开内部控制不谈，某些经济业务或账户出现误报的可能性就比另一些经济业务或账户出现差错的机会大。

固有风险有时也与外部因素有关。例如，外部经营环境的变化、新法规的颁布、经济的萧条等，都可导致被审计单位经营状况和财务状况恶化，从而引发其管理人员蓄意谎报财务状况和经营成果。这样的审计客户一旦破产，蒙受损失的投资者和债权人就可能起诉审计人员。

固有风险要求审计人员在编制审计计划时，必须预测被审计单位的各种经济业务和各类账户出现误差的可能性，评价可能带来固有风险的外部因素。审计人员对固有风险的估计将影响到收集证据的计划以及重要性水平的分配。

在评价固有风险时，审计人员一般要考虑以下因素：

（1）经济业务的性质。有些项目产生误差的可能性是由经济业务的性质决定的。例如，生产电子产品的企业，其存货滞压的可能性远比一般消费品的可能性大。有些经济业务的处理包含一些主观判断，如坏账准备的提取、存货的报废等，都需要进行主观的估计，这类业务的固有风险相对较高。

（2）被审计单位管理人员的品行。如果企业的主要领导人缺乏正直性，会计报表中存在重大误报的可能性就会大大增加。

（3）是否存在误报的动因。比如，按企业章程规定，公司管理人员按利润的百分比分配奖金，此时管理人员就存在故意虚报利润的动机。

（4）前期审计的结果。在前期审计中发现的问题在本期审计中也可能再次发生。这是因为误差是由于被审计单位的业务处理系统决定的，如果被审计单位在接受前次审计后并未改变其业务处理系统，注册会计师有理由认为相同的误差在本期的业务处理中将继续存在，因此，在计划本次审计时，不能忽略前次审计的结果。例如，如果前次审计中发现被审计单位在存货计价方面存在大量的误差，那么，此次审计也应把存货计价作为一个高风险领域。

（5）首次审计还是续约审计。一般来说，首次审计时审计人员对被审计单位的情况不熟悉，相应地应高估固有风险。

（6）非常业务。不经常发生的经济业务相对于经常发生的经济业务来说，更容易发生处理不当的情况，因为没有处理此类经济业务的经验。如对火灾损失的处理，某些特殊资产的购置和融资租赁业务等。

（7）容易遭受损失或被挪用的资产。如现金比固定资产更容易被贪污、盗窃或挪用。

（8）需要利用专家工作的业务。

（9）影响被审计单位所有行为的环境的因素。

2. 控制风险

控制风险是指某一账户或某类经济业务本身或连同其他账户或业务一起产生误报而未能被内部控制防止、发现或纠正的可能性。控制风险是被审计单位的内部控制的有效性的函数，有效的内部控制将降低控制风险，无效的内部控制将增加控制风险。由于内部控制不能保证防止或发现所有的重大误报，比如，因工作人员粗心或疲劳，内部控制也可失效，因此，控制风险绝不可能为零。

在计划阶段，审计人员通常要为每一项重大的会计报表认定确定一个“控制风险的计划估计水平”。计划估计水平的依据是对被审计单位相关内部控制的设置情况、执行效果所做的评估。如果是老客户，可根据以前年度的工作底稿的记录来确定计划估计水平。随后，在本次审计的测试阶段，可以根据所获得的关于内部控制的新的证据，对每项认定确定一个“控制风险的实际估计水平”。

同固有风险一样，控制风险的实际水平，审计人员也是无法改变的，但审计人员可以通过了解和测试内部控制来修正其对控制风险的估计水平。如果审计人员发现内部控制失效，或难以对内部控制的有效性做出评估，或者审计人员不打算对某项控制进行控制测试，一般应将这一认定的控制风险估计为高水平；如果审计人员发现相关的内部控制能够防止、发现或纠正重大误报，而且审计人员打算对内部控制实施控制测试，可将这一认定的控制风险估计为低水平。

审计人员在估计控制风险水平、确定内部控制的可信赖程度时，应当认识到内部控制有其固有的局限性，对此要保持应有的职业谨慎。内部控制的局限性可能源自于以下情况：

（1）内部控制的设计和运行受制于成本与效益原则，因此，内部控制可能在设计上就存在缺口，或者是为了节约成本而没有实施某个控制措施。

（2）内部控制一般是针对常规业务而设计，因此对非常业务无法控制。

（3）即使是设计完善的内部控制，也可能因执行人员的粗心大意、精力分散、判断失误和对指令的错误理解而失效。

（4）内部控制可能因有关人员的相互勾结而失效，如职务分离控制就会因工作人员的串通舞弊而失去控制功能。

（5）内部控制可能因执行人员滥用权利或屈从于外部压力而失效。如企业最高管理人员可能给会计人员施加压力，干预经济业务的正常处理。

（6）内部控制可能因经营环境、业务性质的改变而受到削弱或失效。即由于客观情况的变化使得原有的内部控制不能适应新的需要。

对上述情况审计人员必须给予充分的关注。

3. 检查风险

检查风险是指某一账户或某类经济业务本身或连同其他账户或业务一起发生重大误报，而未能被审计人员发现的可能性。

检查风险是审计程序的有效性和审计人员运用审计程序的有效性的函数，是审计人员有能力加以控制的风险。审计人员可以通过增加审计证据的数量来降低检查风险。相反，如果审计人员可以承受较高的检查风险，就可以适当地减少审计证据。审计人员可以根据需要确定检查风险的水平，因此，人们也常常把它称为“计划的检查风险”。

一般说来，检查风险是根据已经确定的审计风险、固有风险和控制风险来确定的，但是，审计人员还必须考虑到自己的审查工作出现误差的可能性。例如，错用某一项审计程序，或误解所取得的审计证据等。为此，审计人员应通过充分的计划、适当的监督和严格遵守审计质量控制准则来降低检查风险。

在审计计划阶段，审计人员可运用审计风险模式来确定“检查风险的计划可接受水平”，随后可根据需要对其加以修正。

（三）审计风险各组成要素之间的关系

1. 审计风险模式

上述讨论的三个要素的共同作用，决定了审计风险的高低。用审计风险模式来表示就是：

$$AR = IR \cdot CR \cdot DR$$

式中的AR代表审计人员拟接受的审计风险，IR代表固有风险，CR代表控制风险，DR代表检查风险。

显然，审计人员决不能容许自己所发表的审计意见存在很大的不确定性，所以，审计人员必须事先确定可接受风险水平。也就是说，在审计风险模式中，审计风险通常是一个既定的数值，固有风险和控制风险都是审计人员所不能控制的，只有检查风险，审计人员可以通过收集证据的多寡而加以控制。因此，审计风险模式通常又可表示如下：

$$DR = \frac{AR}{IR \cdot CR}$$

从这个公式可以看出，检查风险是由公式中的其他三个要素决定的，与可接受审计风险成正比例关系，就是说，如果审计人员愿意接受较高的审计风险，可容许的检查风险也相应提高，审计证据的数量就可以适当减少。检查风险与固有风险和控制风险都成反比例关系，在可接受的审计风险一定的前提下，固有风险和控制风险中的任何一种风险提高，可容许的检查风险就要下降，意味着审计证据的数量必须增加。

审计人员在运用审计风险模式的过程中，对四个要素的评估方法是不同的。

对审计风险，也就是可接受的审计风险，一般是为一个审计项目确定一个数值。由于审计风险具有普遍性，审计人员必须准备承受一定的风险。如果把审计风险确定得比较低，就意味着审计人员打算更有把握地表示恰当的审计意见。审计人员拟接受审计风险为零，说明审计人员不想承担任何风险，要对审计意见的正确性有百分之百的把握；若把可接受的审计风险确定为1，说明审计人员对审计意见的正确性完全没有把握。绝对有把握和绝对没有把握都是不现实的，因此，可接受的审计风险总是介于0和1之间。通常说来，审计人员不会接受高于5%的审计风险。

对固有风险和控制风险，需要分别不同的被审计项目（账户）和各种审计目标（认定）来一一核定，相应地每个项目（账户）就有不同的检查风险。一般来说，审计人员对风险的估计采取保守的态度，对比较正常的项目，固有风险可定在50%或再高一点，而对高风险的项目则要定为100%。控制风险永远不可能为零，因为再好的内部控制也不能绝对保证防止、发现和纠正所有差错。如果审计人员完全不信赖被审计单位的内部控制，控制风险就是100%。

为了说明审计模式的应用，我们假定审计人员对被审计单位存货的完整性认定的各种风险要素做了如下的评估：

固有风险为50%，控制风险也为50%，审计人员确定的审计风险为5%。检查风险可计算如下：

$$DR = \frac{AR}{IR \cdot CR} \times 100\% = \frac{0.05}{0.5 \times 0.5} \times 100\% = 20\%$$

如果审计人员认为固有风险不能量化表示，或者认为为使其量化而付出代价将超过使用较低风险估计水平带来的好处，就应采取保守的方法，即固有风险确定为最大值1。在这种情况下，运用该模型可求得检查风险为10%〔即0.05÷（1.0×0.5）〕。检查风险为10%时要比检查风险为20%时收集更多的审计证据。

需要说明的是，在审计的计划阶段利用审计风险模型确定检查风险时所使用的控制风险是审计人员的计划估计水平。如果后来发现控制风险的实际估计水平与计划估计水平不同，可再次使用审计风险模型，使用控制风险的实际估计水平来修正检查风险，进而规划审计证据的收集。

在实务中，很多审计人员并不把每个风险因素都量化，因此不能用风险模型来求得检查风险的数值。即便如此，掌握审计风险模型对于指导审计工作也是非常有用的。因为该模型明白地提示了固有风险、控制风险、检查风险和审计风险之间的关系，有利于审计人员恰当地收集审计证据。

2. 审计风险矩阵

审计风险模型在审计计划工作中的运用也具有一定的局限性，原因主要有两个：一是固有风险、控制风险的估计带有一定的主观性，这种估计本身也存在脱离实际的风险；二是有时固有风险和控制风险是很难量化的，因此，难以利用审计风险模型进行精确的计算。所以，实践中许多审计人员更愿意使用非量化的表示方法，以“很低、低、中、高、很高”等词汇来表示风险水平，以审计风险要素矩阵（见表2-3）来进行审计决策。

表2-3　审计风险要素矩阵

审计风险采用低水平估计				
CR估计水平	IR估计水平			
	最高	高	中	低
	DR可接受水平			
最高	很低	很低	低	低
高	很低	低	低	中
中	低	低	中	高
低	低	中	高	*

*对某一特殊认定可能没有必要执行实质性测试。

该矩阵和审计风险模型一样，展示了检查风险与固有风险和控制风险反方向变动的关系。从矩阵可以看出，如果固有风险估计为高水平，控制风险估计为中等水平，检查风险就是低水平；如果固有风险估计为低水平，控制风险估计为中等水平，那么检查风险的可接受水平就高。

（四）审计风险、审计证据与重要性水平的相互关系

1. 审计风险与审计证据的关系

确定重要性和审计风险都是为了帮助审计人员更有效地收集审计证据，因此，必须明确风险的各种要素对审计证据的不同影响。

审计人员拟接受的审计风险与所需审计证据数量之间是反向关系。也就是说，对一个特定的客户来说，审计人员拟承受的审计风险越低，所需的审计证据的数量就越多。

检查风险与所需的证据数量也是反向关系。比如，对某一特定的被查项目来说，计划的

检查风险水平越低，所需的审计证据的数量就越多。

固有风险和控制风险与所需审计证据的数量是正向关系。固有风险和控制风险越低，所需的审计证据就越少。因为固有风险低，说明被审计单位的经济业务本身发生差错的可能性就小；内部控制风险低，即意味着被审计单位的内部控制比较健全，产生差错和舞弊的可能性比较小。因此，在这两种风险水平较低的情况下，可容许的检查风险就比较高。

2. 重要性与审计风险的关系

在计划审计工作时，审计人员应考虑哪些事项易使会计报表产生重要误报。审计人员对特定账户余额和经济业务种类的重要性水平进行估计，有助于审计人员决定哪些项目应重点审查，是否使用抽样和分析性程序等问题，使审计人员能够综合考虑审计程序的选择，以便控制审计风险。

《独立审计准则第10号——审计重要性》指出，重要性和审计风险水平之间存在反向关系，重要性水平越高，审计风险越低，反之，重要性水平越低，审计风险就越高。审计人员在确定审计程序的性质、时间和范围时应考虑重要性和审计风险之间的这种反向关系。比如，针对某个账户或认定，如果审计人员确定的可接受的重要性水平较低，那么，审计风险就提高了，假如风险超过了审计人员拟接受的水平，可通过下列方法之一来控制审计风险：

（1）降低控制风险的估计水平，并通过执行扩大的或附加的控制测试来支持降低后的控制风险水平。

（2）修改计划的实质性测试程序的性质、时间和范围，以降低检查风险。

重要性与审计风险之间的这种反向关系，并不意味着审计人员可以无限制地高估重要性水平，重要性水平估计过高，会导致审计测试不充分，可能造成对重大误报失察。审计人员应从会计报表使用者的角度出发，保持应有的职业谨慎，合理估计重要性水平。

第二节　审计实施阶段主要操作业务实训

一、审计抽样的应用

审计抽样可分为属性抽样和变量抽样两种。有关其涵义、方法和步骤以及举例，参见《审计基础知识》教材“审计抽样在审计方法中的应用”一节。

二、内部控制制度的描述方法

内部控制制度描述的方法通常有文字表述法、调查表法和流程图法三种。有关三种方法各自的涵义、内容、步骤和举例，参见《审计基础知识》教材“内部控制制度及评审”一章中的内部控制制度评审的方法。

三、相关表格的格式及填写

在教材中，已经先后列示短期投资汇总表、短期投资有价证券盘点表、应收账款账龄分析表等。在实际工作中，还有固定资产折旧及审定表、产品销售成本审定表、产品销售收入审定表等。这些表的共性都是根据账目数汇总，然后逐一审定、确定差异、分析原因，而后记入审计工作底稿。由于较直观和简单，因此，这里不再赘述。

四、库存现金盘点表的格式及编制

（一）库存现金盘点表中涉及的数字及计算

1. 库存现金实存额

库存现金实存额是盘点日金库中实际存放现金之和。只需认真清点，正确相加即可。需要注意的是防止遗漏，或人为的串动。

2. 库存现金结存额

库存现金结存额是指盘点日现金日记账的账面结存数。盘点时只要将其过入到盘点表即可。

3. 库存现金应存额

库存现金应存额是指根据盘点日的账面数，加减已经收取或支付但未来得及入账的收入数或支出数，然后再剔除不合法支出数等之后的数额。

4. 库存现金溢缺额

库存现金溢缺额是库存现金的实存额减去库存现金应存额后的差额。若为正数为溢余，若为负数则为短缺。

（二）库存现金盘点表的格式

库存现金盘点表的格式参见表2-4。

表2-4

库存现金盘点表

年　　月　　日

被审计单位：

币　　别：　　　　编制：　　日期：

复核：　　日期：

摘　要	金　额	备　注
1. 主币100元券　张 · · · 1元券　张		
主币小计		
2. 辅币5角币　张 · · · 1分币　个		

续表

摘　　要	金　　额	备　　注
辅币小计		
合　　计		
3. 已收款未入账的款项 4. 已付款未入账的款项		
库存现金结存额 库存现金实存额 库存现金应存额 库存现金溢缺额		

出纳员：　　　　　　　　　　财务主管：　　　　　　　　　　审计：

（三）库存现金盘点表编制实例

库存现金盘点表的实例参见例2-7。

例2-7

1. 资料：

2011年6月24日下午6时，审计人员沈正参加盘点了市机床厂的库存现金。现金日记账余额为1 234元，实际库存情况如下：

（1）现金实有数：100元币4张、50元币6张、10元币80张、5元币8张、1元币65张、5角币12张、2角币30张、1角币20张、5分币50个、2分币10个、1分币30个。

（2）6月23日，某企业从该厂购买甲产品500件，收入现金2 000元，尚未入账。

（3）6月23日，供应科季科长借差旅费支付现金800元，已经有关领导批准，本人签收。

（4）6月23日，该厂门市部交来现金500元，但尚未来得及入账。

（5）6月10日，职工宋章打借条一张，金额1 200元，未经领导审批，也没有说明用途，款已签收。

（6）出差职工未领工资456元，工资系单独包封。

（7）银行核定库存现金1 250元。

2. 要求：

（1）根据清点结果，编制一张现金盘点表。

（2）对该厂库存现金的使用和保管中存在的问题，作出简要评价并提出处理意见。

3. 根据已知的资料填写库存现金盘点表如表2-5：

表2-5　　　　　　　　　　**库存现金盘点表**

被审计单位：市机床厂　　　　　　　　　　清点时间：2011年6月24日

摘　　要	金　　额
1. 主币100元券　　4张	400.00元
50元券　　6张	300.00元

续表

摘　　要	金　　额
10元券　80张	800.00元
5元券　8张	40.00元
1元券　65张	65.00元
主币小计	1 605.00元
2. 辅币5角币　12张	6.00元
2角币　30张	6.00元
1角币　20张	2.00元
5分币　50个	2.50元
2分币　10个	0.20元
1分币　30个	0.30元
辅币小计	17.00元
合　　计	1 622.00元
3. 已收款未入账的款项	2 500.00元
4. 已付款未入账的款项	2 000.00元
库存现金结存额	1 234.00元
库存现金实存额	1 622.00元
库存现金应存额	1 734.00元
库存现金溢缺额	112.00元

财务主管：孙宏　　　　出纳：马英　　　　盘点：沈正

4. 存在的问题和处理意见：

（1）根据清点结果，发现库存现金超过银行规定的限额372（1 622 - 1 250）元，若非经常，应注意改进。

（2）职工宋章借款1 200元，既没有说明用途，又没有领导批准，以白条抵库，实属违反现金管理制度，应查明原因。确属借支的，应补办手续，无正当理由借支应限期交回现款，并对出纳员进行现金管理制度方面的教育。

（3）现金清点结果，实存数比应存数少112元，虽数额不大，但应查明是何原因所致，并将此作为责任事故看待，令出纳员赔偿且进行批评教育。

五、银行存款余额调节表的编制与分析

（一）为什么要编制银行存款余额调节表

银行存款与存货和固定资产等账户不同之处，在于无法通过实物盘点来验证账实是否相符，但可以通过银行存款日记账与银行对账单核对，来验证银行存款余额是否正确。在实际工作中，企业银行存款日记账余额和银行对账单余额往往不符，其不符的原因主要是未达账项和企业或银行可能有记账错误以及贪污或挪用的情况存在。至于究竟是什么原因，只有通过编制银行存款余额调节表才能确认。

(二) 核对银行存款日记账和银行对账单时应注意的事宜

银行存款余额经调节后，如果和银行对账单余额相符，应注意审查：银行对账单本身是否真实；有无不属于企业生产经营活动所涉及的收付业务；有无从银行提取现金超过规定的限额又无正当理由的业务；有无一方一收一付数额相等且不入账的情况；有无出租、出借银行账号的情况等。

企业银行存款余额若与银行对账单余额不符，首先应考虑到未达账项，然后编制银行存款余额调节表。若经过调节后还不相符，就要仔细审查有无记账方面的错误，若存在记账错误，就采用正确的方法加以改正。若不符的原因不是未达账项和记账错误，那就可能有贪污、挪用或其他情况，这时就更应认真审查，直至查清事实真相。

(三) 银行存款余额调节表的基本格式

银行存款余额调节表的基本格式参见表2-6。

表2-6 银行存款余额调节表

项　目	金　额	项　目	金　额
企业银行存款日记账余额		银行对账单余额	
加： 减：		加： 减：	
调整后银行存款日记账余额		调整后银行对账单余额	

(四) 银行存款余额调节表实例

银行存款余额调节表实例参见例2-8。

例2-8

某企业2011年2月1日银行存款日记账余额为202 000元，2011年2月1日至4日发生额即为下列日记账"承前页"所列发生额。2011年2月5日至2月28日发生银行存款收支业务已登记银行存款日记账，具体情况请参见表2-7。

表2-7 银行存款日记账

2007年		结算凭证种类	结算凭证号数	摘　要	借　方	贷　方	借或贷	余　额	核对号
月	日								
2	4			承前页	62 000	42 000	借	222 000	
2	5	汇兑	4836	还甲公司货款		120 000	借	102 000	√
2	6	委收	0047	收乙公司欠款	200 000		借	302 000	√
2	10	支票	360078	购办公用品		12 000	借	290 000	
2	15	托收承付	4278	付丙公司货款		50 000	借	240 000	√
2	20	支票	4278005	提取现金		2 000	借	238 000	√
2	28	委收	0048	收丁单位欠货款	200 000		借	438 000	√
2	28			本月合计	462 000	226 000	借	438 000	

2011 年 2 月 28 日银行转来 2 月 5 日至 28 日对账单如表 2－8。

表 2－8 银 行 对 账 单

日　期	结算凭证种类	号　码	摘　要	发生额	余　额
2/5	电汇	4836	付甲公司货款	120 000	102 000
2/6	委收	0047	收乙公司货款	200 000	302 000
2/15	托收承付	4278	付丙公司货款	50 000	252 000
2/20	现金支票	4278005	提现金	2 000	250 000
2/28	委托收款	0048	收丁单位货款	200 000	450 000
2/28	委托收款	0049	收 A 单位货款	100 000	550 000

根据银行日记账和银行对账单编制调节表如表 2－9。

表 2－9 银行存款余额调节表

项　目	金　额	项　目	金　额
企业银行存款日记账余额	438 000	银行对账单余额	550 000
加：	100 000	加：	
减：		减：	12 000
调整后银行存款日记账余额	538 000	调整后银行对账单余额	538 000

六、调节法的涵义及运用

（一）调节法的涵义

调节法是指在审查某个项目时，发现现有的数据同需要证实的数据表面上不一致，需要通过对某些因素进行合理调整，从而证实现有数据同需要证实的数据是否相符的一种方法。这种方法，一是主要用来证实银行存款余额同银行对账单是否相符，如编制银行存款余额调节表；二是确定审查日账存的材料物资同上期末账户余额是否一致等。

（二）调节法的计算公式

关于银行存款余额调节表的涵义及编制前已叙及，这里不再赘述。至于审查日账存的材料物资同上期末账户余额是否一致是通过公式计算后加以确定的。其公式为：

$$\text{结存日账面结存量} = \text{盘点日实际盘点量} + \text{结存日至盘点日发出量} - \text{结存日至盘点日收入量}$$

公式中的“量”是指实物量，但也可通过实物量和单价换算成“额”，即金额。

（三）调节法实例

调节法实例参见例 2－9。

例2-9

南海股份有限公司2010年12月31日产成品——运动服明细账结存数如表2-10。

表2-10

品　种	单　位	一等品	二等品	三等品
男式	套	540	460	50
女式	套	844	280	100
童式	套	380	120	30

经审计人员李正的要求和安排，该厂于2011年1月15日下午下班时进行了盘点，结果如表2-11。

表2-11

品　种	单　位	一等品	二等品	三等品
男式	套	610	315	45
女式	套	850	250	60
童式	套	414	56	20

查阅产成品明细账，2011年1月1日至15日运动服的收付情况如表2-12。

表2-12

品　种	单　位	收　入			发　出		
		一等品	二等品	三等品	一等品	二等品	三等品
男式	套	1 142	82	59	1 172	127	64
女式	套	1 349	215	98	1 393	195	138
童式	套	692	160	50	666	224	60

要求：根据该厂2011年1月15日实际盘点结果，用调节法核实2006年12月31日运动服的结存数，并与明细账结存数相核对，审查确定原始记录的真实性和正确性。

根据2011年1月15日的实际盘点结果和1月1日至15日的收付情况，用调节法核实的2010年12月31日结存数如表2-13。

表2-13

品　种	单　位	一等品	二等品	三等品
男式	套	640	360	50
女式	套	894	230	100
童式	套	388	120	30

将调节后的数字与2010年12月31日产成品——运动服明细账的数字相比较，可知该公司2010年12月31日产成品明细账的数字是不真实和不正确的。经分析存在着混淆等级和短缺的情况。其中男式一等品应存640套，而结存540套，少了100套；二等品应存360套，而账存460套，多100套，明显是发货弄错了等级。女式一等品应存894套，而账存则为844套，少50套；二等品应存230套，而账存280套，多了50套，也明显是发货弄错了

等级：童式一等品应存388套，而账存380套，短缺了8套。应对上述情况查明原因后进行处理。

七、函证信的种类及运用

（一）函证信的涵义

函证信是查询法中函证的具体运用。函证又称为函证法。函证法是取得书面证据的特殊方法，是通过函证来证实被审计事项正确与否常用且有效的一种方法。

函证信是指由审计人员向与被审计单位有经济业务联系的第三方发信函，要求第三方证明信函中所列的经济业务所涉及的金额，目的是请第三方确定被审计单位记录的某被审计事项的正确性。

（二）函证信的范围

在以往的教材中，大多是在应收账款一处例释函证信及其要点，其实函证信的使用范围相当广泛。在实际工作中，经常运用函证法进行取证的事项还有：银行存款、应收票据、代销代存资产、财产保险、应付账款、应付票据、预收账款、财产担保、财产抵押、租赁资产、公司债券和公司股票等。

（三）函证信的种类

函证信包括肯定式和否定式两种。肯定式函证信又称正面式、积极式函证信。它要求被函证人无论是否同意函证信所列事项和金额都要予以回复。否定式函证信又称反面式、消极式函证信，它只要求被函证人在不同意函证信所列事项和金额时才予以回复。因此，通过肯定式函证信所得的证据与通过否定式函证信所取得的证据相比，前者的可靠性要强于后者。但无论采取哪一种函证信取得证据，为了保证函证信的质量，审计人员都要绝对控制函证的全过程。

（四）函证信的格式

否定式函证信的格式参见教材债权审计内容中相对应之处。肯定式函证信的格式参见例2－10。

例2－10

询　证　函

致：________________

本企业聘请的　　　　　　会计师事务所正在对本企业会计报表进行审计，按照《中国注册会计师独立审计准则》的要求，应当询证本企业与贵企业的往来账项，下列数额出自本企业账簿记录，如与贵企业记录相符，请在本函下端“数额证明无误”处签章证明；如有不符，请在“数据不符及需加说明事项”处详为指正，回函请直接寄至　　　　　　会计师事务所。

地址________________邮编________________电话________________

传真________________（本函仅为复核账目之用，并非催款结算）。

截止日期	贵企业欠	欠贵企业	备　注

若款项在上述日期之后已经付清，仍请及时函复为盼。

（本企业印鉴）

数据证明无误

签章＿＿＿＿＿＿＿＿＿＿＿＿日期＿＿＿＿＿＿＿＿＿＿＿＿

数据不符及需加说明事项

签章＿＿＿＿＿＿＿＿＿＿＿＿日期＿＿＿＿＿＿＿＿＿＿＿＿

（五）函证信实例

函证信实例参见例2－11。

例2－11

询　证　函

致：工商银行

本公司聘请普惠会计师事务所正在对本公司的会计报表进行审计，按照《中国注册会计师独立审计准则》的要求，应当询证本公司与贵单位的往来账项，下列数据出自本公司账簿记录，如与贵单位记录相符，请于本函下端“数据无误”处签章证明；如有不符，请在“数据不符及需加说明事项”处详细列示。若下列款项已于截止日期后结清，仍请贵单位及时回函为盼。回函请直接寄至普惠会计师事务所。

地址：海州区和平中路28号　　邮编：122300　　电话：2836548

普惠会计师事务所审计部　收

截止日期	贵企业欠	欠贵企业	备　注
2010.12.31	270 000		银行账户存款

注：本函仅为复核账目之用，无其他目的。

2011年1月6日

（海龙公司印章）

数据无误

签章：　　　　　　　　　日期：

数据不符及需加说明事项

1. 贵公司23947865户存款余额342 000元

2.

签章：(银行章)　　　　　日期：2011. 1. 10

八、分析法的种类及应用

(一) 分析法的涵义

分析法是指将有关的经济指标或经济事项进行分解或汇总，然后对各项因素或组成部分之间的相互联系、变化过程进行考察和研究，进而揭示规律或实质，取得审计证据的一种方法。

(二) 分析法的种类

分析法在审计实践中，是一种运用比较广泛的方法。这是因为只有比较没有分析，就不知问题的缘由和趋势；只有零散的审计证据，而不进行分析，就很难得出正确的结论。分析法除了《审计基础知识》教材中列示的之外，在分析性测试中还有趋势分析法、比率分析法、时间顺序分析法、回归分析法等。

(三) 分析法实例

分析法由于种类较多，因而不能一一举例，下面仅就因素分析法和比率分析法举例。

1. 因素分析法的应用

因素分析法的应用实例参见例2-12。

例2-12

(1) 资料

某企业生产甲种产品，审计人员在审查甲产品直接材料成本项目时，从成本资料中得知，该企业计划生产甲产品600件，消耗定额每件15千克，计划价格每千克5元；实际生产甲产品900件，单耗每件16千克，单价每千克4.5元。

(2) 要求

根据上述资料运用因素分析法（连环替代法）指出审查该企业直接材料项目的审查重点。

(3) 因素分析法的应用

计算产量、单耗、单价对材料成本的影响：

原材料成本计划数为：$800\times15\times5=60\ 000$(元)

产量变动影响成本上升数为：$(900-800)\times15\times5=7\ 500$(元)

单耗变动影响成本上升数为：$900\times(16-15)\times5=4\ 500$(元)

单价变动影响成本下降数为：$900\times16\times(4.5-5)=-7\ 200$(元)

通过上述计算可知，产量增加单耗上升，使材料成本超支12 000元（7 500+4 500），单价下降使材料成本节约7 200元，综合作用的结果使材料成本上升4 800元。其中产量增加和单价下降对材料成本的影响是正常的，单耗上升则属于非正常因素。因此，进一步审查材料成本的重点是查找单耗上升的原因。

届时，再从以下几个方面去查找：

①生产中的损失浪费造成单耗上升。

②计量不准造成单耗上升。

③材料质量低劣造成单耗上升。

④未办理退料手续造成单耗上升。

⑤废料利用后未冲账造成单耗上升。

⑥人为调节材料成本，采用假投料或多转差异等原因造成单耗上升等。

2. 比率分析法的应用

比率分析法的应用实例参见例2－13。

例2－13

（1）假设审计人员根据某公司2010年度和2009年度的资产负债表和损益表及相关资料填写财务比率分析表如表2－14。

表2－14

XYZ审计局

财务比率趋势分析表

会计期间＿＿＿＿＿＿ 2010年＿＿＿＿＿＿

被审计企业：ABC公司

比率指标	计算公式	上年	当年	增减数	说明
		(1)	(2)	(3)＝(2)－(1)	
偿债能力比率					
1. 流动比率	流动资产/流动负债	128%	134%	6%	
2. 速动比率	速动资产/流动负债	99%	95%	－4%	
财务杠杆比率					
1. 资产负债率	负债总额/资产总额	56%	49%	－7%	
2. 利息保障系数	（税前利润＋利息支出）/利息支出	478%	22 414%	21 936%	
经营效率比率					
1. 存货周转率	销售成本/平均存货	254%	292%	38%	
2. 应收账款周转率	营业收入/平均应收账款	278%	304%	26%	
3. 总资产周转率	营业收入/平均总资产	58%	60%	2%	
获利能力比率					
1. 销售利润率	利润总额/营业收入×100%	7.48%	7.04%	－0.44%	
2. 净资产报酬率	净利润/平均净资产×100%	5.04%	5.88%	0.83%	
3. 总资产报酬率	净利润/平均总资产×100%	2.03%	2.78%	0.74%	

（2）通过对表2－14主要财务比率的计算和比率趋势分析，审计人员可以发现：

①ABC公司的盈利能力比较稳定。

②该公司经营效率比较高，2010年比2009年还有所提高。

③该公司偿债能力比较强，特别是速动比率比较高，偿债风险不高。

④该公司资本结构比较合理，财务杠杆比率比较理想。

九、审计工作底稿的涵义及编制

（一）审计工作底稿的涵义

审计工作底稿概念有狭义和广义之分。广义的审计工作底稿是指审计人员在审计过程中形成的审计工作记录和取得的各种文件资料。狭义的审计工作底稿则仅指在审计实施过程中编制的工作记录。我们这里所说的审计工作底稿是指广义的审计工作底稿的概念。因此，它包括审计人员对审计工作的记录，也包括审计人员取得的各种相关文件资料。

（二）审计工作底稿的内容和格式

1. 审计工作底稿的内容

一般来说，每张审计工作底稿都应包括的基本内容为：

（1）被审计单位名称。

（2）审计项目名称，即审计事项。

（3）会计期间或截止日。

（4）审计过程记录。

（5）审计事项结论。

（6）编制者姓名及编制日期。

（7）复核者姓名及复核日期。

（8）索引号及页次。

（9）标识，即审计符号。

（10）其他应说明的事项。

在实际工作中，以上的内容都印在既定的表格上，届时按项填写即可。

2. 审计工作底稿的格式

审计工作底稿的格式参见表 2－15。

表 2－15　　**审计工作底稿**

索引号：　　金额单位：　　　　共　页第　页

<table>
<tr><td>被审计单位名称</td><td colspan="4"></td></tr>
<tr><td>审计事项</td><td colspan="4"></td></tr>
<tr><td>实施审计期间或者截止日期</td><td colspan="4"></td></tr>
<tr><td>审计过程记录</td><td colspan="4"></td></tr>
<tr><td rowspan="2">审计结论或者审计查出问题摘要及其依据</td><td colspan="4"></td></tr>
<tr><td>审计人员</td><td></td><td>编制日期</td><td></td></tr>
<tr><td rowspan="2">复核意见</td><td colspan="4"></td></tr>
<tr><td>复核人员</td><td></td><td>复核日期</td><td></td></tr>
</table>

（三）审计工作底稿实例

审计工作底稿实例参见表2－16、表2－17、表2－18、表2－19。

表2－16

审计工作底稿

索引号： 金额单位： 共 页 第 页

<table>
<tr><td colspan="2">被审计单位名称</td><td colspan="4">白鹤县文体局</td></tr>
<tr><td colspan="2">审计事项</td><td colspan="4">清点库存现金</td></tr>
<tr><td colspan="2">实施审计期间或者截止日期</td><td colspan="4">2010年7月30日至2007年9月11日</td></tr>
<tr><td>审计过程记录</td><td colspan="5">清点库存现金</td></tr>
<tr><td rowspan="2">审计结论或者审计查出问题摘要及其依据</td><td colspan="5"></td></tr>
<tr><td>审计人员</td><td>陈清 王辉</td><td>编制日期</td><td colspan="2">2010年8月29日</td></tr>
<tr><td rowspan="2">复核意见</td><td colspan="5"></td></tr>
<tr><td>复核人员</td><td>陈清</td><td>复核日期</td><td colspan="2">2010年8月29日</td></tr>
</table>

表2－17

审计工作记录

2010年8月29日

<table>
<tr><td>被审计单位</td><td>白鹤县文体局</td></tr>
<tr><td colspan="2">
补充事实情节或必要计算过程：（文化）
账面余额：6 387.83元
支出未入账：借据： 1 800.00元
证据：挖树坑（白据） 60.00元
收据：排球赛报名（机关党委） 300.00元
赞助费（烟叶公司） 200.00元
清垃圾（街道） 300.00元
往来结算票据：（培训费3张） 180.00元
收据：买食品（白据） 56.00元
收旅游款——工会（白据公章） 300.00元
其他票据： 544.00元+60.00元=604.00元
合计： 3 800.00元
库存现金： 2 587.83元
点　库：　李英　　王辉
出纳员：　丁波
</td></tr>
</table>

《审计工作底稿》附件　　　　审计人员：陈清　王辉

表 2－18

审 计 工 作 底 稿

<table>
<tr><td colspan="2">被审计单位名称</td><td colspan="3">白鹤县文体局</td></tr>
<tr><td colspan="2">审计事项</td><td colspan="3">银行存款审计</td></tr>
<tr><td colspan="2">实施审计期间或者截止日期</td><td colspan="3">2010 年 7 月 30 日至 2010 年 9 月 11 日</td></tr>
<tr><td>审计过程记录</td><td colspan="4">审计组在审计银行存款明细账，核对银行对账单时，发现文体局银行账少记拨出款项 13 000.00 元。</td></tr>
<tr><td rowspan="2">审计结论或者审计查出问题摘要及其依据</td><td colspan="4">此做法违反了《中华人民共和国会计法》第十条及该条第一款“款项和有价证券的收付应当办理会计手续，进行会计核算”的规定。</td></tr>
<tr><td>审计人员</td><td>陈清　王辉</td><td>编制日期</td><td>2010 年 9 月 11 日</td></tr>
<tr><td rowspan="2">复核意见</td><td colspan="4"></td></tr>
<tr><td>复核人员</td><td>陈清</td><td>复核日期</td><td>2010 年 9 月 12 日</td></tr>
</table>

表 2－19

审 计 工 作 记 录

2010 年 9 月 11 日

<table>
<tr><td>被审计单位</td><td>白鹤县文化局</td></tr>
<tr><td colspan="2">补充事实情节或必要计算过程：
30　39#　付少儿馆文化事业费　　借：拨出经费　　13 000.00
　　　　　　　　　　　　　　　　贷：银行存款　　13 000.00
1999.12.30　39#　转账支票　　2 691　1999.12.30　少儿馆　13 000.00 元　事业费
对账单　1999.12.30　2691　26 000.00 元</td></tr>
</table>

《审计工作底稿》附件　　　　　　审计人员：陈清　王辉

十、送达回证的格式与填写

（一）送达回证填写的必要性

为了规范审计工作，明确相关的责任，审计人员每次送达的相关文书，经手人都要据实填写送达回证，并作为审计工作底稿存档，以备查验。

（二）送达回证的格式

送达回证的格式参见例2－14。

例2－14

×××审计局
审计文书送达回证

受送达人：
送达文书名称：
送达人签名：
送达时间：
送达方式：直接

……………………………………审送［　　］　　号……………………………………

送达回证
审送［　　］　　号

送达文书：
送达人：
送达时间：　　　　年　　　月　　　日
送达方式：直接
受送达人：　　　　　（签名）　　　　　年　　　月　　　日
代收人：　　　　　　（签名）　　　　　年　　　月　　　日
备注：

（三）送达回证实例

送达回证实例见例2－15。

例2－15

白鹤县审计局
审计文书送达回证

受送达人：白鹤县文体局
送达文书名称：审计通知书
送达人签名：陈清　王辉
送达时间：2010年7月25日
送达方式：

……………………………………审送［　　］　　号……………………………………

送达回证
审送［　　］　　号

送达文书：审计通知书

送达人：陈清　王辉

送达时间：2010 年 7 月 25 日

送达方式：

受送达人：（签名）　　　　　年　　　月　　　日

代收人：　（签名）马伟　　2010 年　7　月　25　日

备注：

第三节　审计报告阶段主要操作业务实训

一、审计工作底稿复核的涵义及作用

（一）审计工作底稿复核制度的涵义

所谓审计工作底稿复核制度就是审计机关、会计师事务所或其他审计机构，就审计工作底稿应当进行复核以及如何复核所做的规定。

目前，我们国家对审计工作底稿实行三级复核制度。审计机关实行的审计工作底稿三级复核制度是由审计组组长、部门负责人和专职复核机构或专职复核人员，分别在审计实施过程中、审计报告形成前期，以及审计报告提交审计机关领导审定前进行的复核。会计师事务所的审计工作底稿三级复核制，是指由项目经理、部门经理和主任会计师（或副主任会计师），分别在审计实施过程中、审计报告形成过程中，以及审计报告签发前进行复核。

（二）审计工作底稿三级复核的作用

审计工作底稿实行三级复核制度的作用在于：一是减少或消除人为审计偏差，以降低审计风险，提高审计质量；二是及时发现和解决问题，保证审计方案（计划）的顺利执行；三是协调审计进度，节约审计时间，提高审计效率；四是对审计工作进行质量监督并对审计人员进行考核。

（三）审计工作底稿复核时应注意的事项

审计工作底稿复核是审计工作中一项重要的、必不可少的程序。复核审计工作底稿时，应注意以下事项：

1. 复核人员必须是原工作底稿编制人员的上级或同级。

2. 复核人员应当明确复核要点，做到有的放矢。

3. 复核人员应当作复核记录，并书面表示复核意见。

4. 复核人员应当督促编制人员对审计工作底稿上存在的问题予以答复，处理并形成相应审计记录。

5. 复核人员应当签名并注明复核日期。

（四）审计工作底稿复核实例

审计工作底稿复核实例参见表2－20、表2－21、表2－22。

表2－20

工作底稿复核记录（项目经理）

2009年12月31日

海龙食品有限公司

序号	复核内容	复核记录	备注
1	预计审计程序的完成是否适当	是	
2	审计工作底稿的填列是否完整	是	
3	审计工作底稿的记录是否清楚	是	
4	审计结论是否明确	是	
5	审计工作底稿勾稽关系是否清楚	是	
6	审计工作底稿归类是否恰当	是	

复核人	日期	普惠会计师事务所	索引号	页次
李海涛	2010.1.15		Zb	1

表2－21

工作底稿复核记录（部门经理）

2009年12月31日

海龙食品有限公司

序号	复核内容	复核记录	备注
1	审计计划制定是否适当，特别是具体审计计划制定能否实现目标	是	
2	重要审计程序的实施是否已实现了审计目标	是	
3	审计证据是否充分、适当	是	
4	各会计报表项目之间或会计报表各个组成部分之间衔接是否合理	是	
5	项目经理对其他助理人员监督指导是否恰当	是	
6	所有的调整事项以及鉴证要点是否恰当	是	
7	审计意见的确定是否恰当，相关披露是否齐全	是	

复核人	日期		索引号	页次
宋伟	2010.1.16		Zb	2

表 2－22

工作底稿复核记录（主任会计师）

2009 年 12 月 31 日

海龙食品有限公司

序号	复核内容	复核记录	备注
1	审计目的是否已经实现	是	
2	重要审计程序的制定和实施是否恰当	是	
3	重点审计领域是否已进行足够的测试	是	
4	重点审计证据是否充分、适当	是	
5	重要调整事项以及鉴证要点是否恰当	是	
6	审计意见确定是否恰当、相关披露是否一致	是	

复核人	日期	普惠会计师事务所	索引号	页次
马福利	2010. 1. 16		Zb	3

二、审计报告的要素及编制

（一）审计报告的涵义

审计报告是指审计人员按照审计准则的要求，在实施了必要的审计程序后出具的，用于对审计事项表达审计意见的书面文件。审计报告是审计工作及其成果的总结，是审计情况和结果的书面文书，是表达审计意见或做出审计决定的基础。同时，审计报告可以用作被审计单位的受托责任履行情况的证明文件，也可以作为与被审计单位有利益关系的人进行决策的参考文件。

（二）审计报告的种类和内容

审计报告按照编写的格式和内容，可以分为长式审计报告和短式审计报告。

1. 长式审计报告及内容

长式审计报告一般也称为详式审计报告。长式审计报告的内容比较具体、全面，用来具体地报告审计工作开展的情况，如审计内容、审计目的、被审计单位基本情况、审计过程、对审计事项的评价、审计发现的主要问题、提出的审计处理建议和依据、针对被审计单位存在的管理薄弱环节或不合规的问题提出的审计建议。长式审计报告一般应用于内部审计和国家审计领域中。

2. 短式审计报告及内容

短式审计报告一般也称为简式审计报告。短式审计报告的内容比较简短，它简明、扼要地说明审计范围、审计依据、审计事项、表达的审计意见类型。按照审计意见类型的不同，审计报告可分为无保留意见审计报告、带有强调事项段的无保留意见审计报告、保留意见审计报告、否定意见审计报告和无法表示意见审计报告。短式审计报告措辞比较严谨、规范。

没有修订措辞和说明段的无保留意见审计报告也称为标准审计报告。短式审计报告较多地应用于社会审计领域。

（三）审计报告的基本要素

1. 国家审计机关审计报告的基本要素

我国国家机关审计组向派出审计机关提交的审计报告是具有中国特色的对内长式监督型审计报告。审计报告的基本要素包括：

（1）标题。审计报告的标题应包括被审计单位名称、审计事项的时间和性质。

（2）主送单位。审计报告的主送单位是审计组的派出审计机关，而不是被审计单位。

（3）审计报告的内容。

一是说明执行审计任务的依据、审计所要达到的目的、审计实施的范围、审计的主要内容、审计所采取的方式和审计实施的起止时间，并对延伸或追溯审查的重要事项予以说明。

二是被审计单位的基本情况。审计报告应陈述被审计单位的经济性质、管理体制、业务范围及经营规模、财政财务隶属关系或国有资产监管关系和财政财务收支状况等。

三是被审计单位的责任，包括被审计单位对提供会计资料的真实性和完整性的承诺情况。

四是审计的基本情况。审计报告应说明审计工作开展情况，包括审计实施程序、审计方法等。

五是对被审计单位的内部控制和财政财务收支的真实、合法和效益作出的评价。

六是审计发现的问题。审计报告应具体揭示审计发现的问题，包括问题的事实、性质和原因，及其产生的影响和后果等。

七是审计意见和审计建议。审计报告应对审计发现的问题，提出审计意见和审计建议；对违反国家财经法规和《审计法》的问题，要提出处理、处罚意见；对不合理、不合规的问题，要提出改进建议。

（4）审计组长签名。审计报告必须由审计组组长签名。

（5）审计报告的日期。审计报告日期一般是指现场审计工作结束的日期，或者是审计组就审计结论与被审计单位交换意见的日期。

2. 民间审计报告的基本要素

中国注册会计师审计准则第1501号——审计报告（财会［2006］4号）对注册会计师审计报告的格式、内容作出了规范，审计报告的要素主要包括：

（1）标题。审计报告的标题应当统一规范为“审计报告”。

（2）收件人。审计报告的收件人是指注册会计师按照业务约定书的要求致送审计报告的对象，一般是指审计业务的委托人。审计报告应当载明收件人的全称。

（3）引言段。审计报告的引言段应当说明被审计单位的名称和财务报表已经过审计，并包括下列内容：

①指出构成整套财务报表的每张财务报表的名称；

②提及财务报表附注；

③指明财务报表的日期和涵盖的期间。

（4）管理层对财务报表的责任段。管理层对财务报表的责任段应当说明，按照适用的会计准则和相关会计制度的规定编制财务报表是管理层的责任，这种责任包括：

①设计、实施和维护与财务报表编制相关的内部控制，以使财务报表不存在由于舞弊或错误而导致的重大错报；

②选择和运用恰当的会计政策；

③作出合理的会计估计。

（5）注册会计师的责任段。注册会计师的责任段应当说明下列内容：

①注册会计师的责任是在实施审计工作的基础上对财务报表发表审计意见。注册会计师按照中国注册会计师审计准则的规定执行了审计工作。中国注册会计师审计准则要求注册会计师遵守职业道德规范，计划和实施审计工作，以对财务报表是否不存在重大错报获取合理保证。

②审计工作涉及实施审计程序，以获取有关财务报表金额和披露的审计证据。选择的审计程序取决于注册会计师的判断，包括对由于舞弊或错误导致的财务报表重大错报风险的评估。在进行风险评估时，注册会计师考虑与财务报表编制相关的内部控制，以设计恰当的审计程序，但目的并非对内部控制的有效性发表意见。审计工作还包括评价管理层选用会计政策的恰当性和作出会计估计的合理性，以及评价财务报表的总体列报。

③注册会计师相信已获取的审计证据是充分、适当的，为其发表审计意见提供了基础。

如果接受委托，结合财务报表审计对内部控制有效性发表意见，注册会计师应当省略第②项中“但目的并非对内部控制的有效性发表意见”的术语。

（6）审计意见段。审计意见段应当说明，财务报表是否按照适用的会计准则和相关会计制度的规定编制，是否在所有重大方面公允反映了被审计单位的财务状况、经营成果和现金流量。

（7）注册会计师的签名和盖章。审计报告应当由注册会计师签名并盖章。

如果认为财务报表符合下列所有条件，注册会计师应当出具无保留意见的审计报告：

①财务报表已经按照适用的会计准则和相关会计制度的规定编制，在所有重大方面公允反映了被审计单位的财务状况、经营成果和现金流量；

②注册会计师已经按照中国注册会计师审计准则的规定计划和实施审计工作，在审计过程中未受到限制。

当出具无保留意见的审计报告时，注册会计师应当以“我们认为”作为意见段的开头，并使用“在所有重大方面”、“公允反映”等术语。

当注册会计师出具的无保留意见的审计报告不附加说明段、强调事项段或任何修饰性用语时，该报告称为标准审计报告。注册会计师出具非标准审计报告时，应当遵守《中国注册会计师审计准则第1502号——非标准审计报告》和本准则的相关规定。

（8）会计师事务所的名称、地址及盖章。审计报告应当载明会计师事务所的名称和地址，并加盖会计师事务所公章。

（9）报告日期。审计报告应当注明报告日期。审计报告的日期不应早于注册会计师获取充分、适当的审计证据（包括管理层认可对财务报表的责任且已批准财务报表的证据），并在此基础上对财务报表形成审计意见的日期。

（四）审计报告格式和实例

1. 国家审计机关审计报告的格式和实例

（1）财务收支审计的审计报告（见例2－16）。

白鹤县审计局

审计报告征求意见书

签发人：张克　2010年9月27日

×××文体局：

根据《中华人民共和国审计法》第三十九条的规定，现将2010年7月30日至9月11日对你单位财务收支的审计报告送给你们征求意见。请在收到审计报告之日起十日内提出书面意见，送交审计组或者审计机关，如果在规定期限内没有提出书面意见，视为无意见。

附：审计报告

审计组长　陈清

二〇一〇年九月二十七日

局长审定会议纪要

审计报告名称		文体局审计报告		主审业务处		行审科
主持人	富浴		时间	2010年10月17日		
参加会议人员	四位局长、刘彬、王辉					
决议内容： 未达账项13 000.00元； 处理、冲转有关账目						
会议主持人签字：富浴						2010年10月17日
整理纪要人签字：陈玉						2010年10月17日

例2－16

关于白鹤县文体局2009年度

财务收支的审计报告

白鹤县审计局：

根据审白鹤通［2010］11号审计通知书，我们审计组于2010年7月30日至9月11日对白鹤县文体局2009年度财务收支情况进行了审计，现将有关情况报告如下：

一、被审计单位的基本情况

白鹤县文体局是由原文化局与体委合并而成，执行文化管理与体育管理职能的部门。局内设体育科、文化科、综合科、党办四个科室，共有职工19人，下辖文化馆、评剧团、少儿馆、创作室、东风市场、文管办、文物办、体校等事业单位。2009年末，白鹤县文化局资产总额256 636.42元，其中：固定资产151 692.00元；体委资产总额329 214.59元，其中：固定资产320 000.00元。2000年财政拨款1 707 630.00元，其中：文化局1 468 300.00元，体委239 330.00元。拨出款项1 499 100.00元，其中：文化局1 390 900.00元，体委108 200.00元。

二、审计评价

经审计，我们认为，文体局的会计核算基本合法合规，在账务处理方面基本正确，会计资料基本真实地反映了本单位财务收支情况。但存在内部控制制度不严密、在往来账中列收列支等现象。

三、审计中发现的问题及处理处罚意见

审计组在核对白鹤县文化局银行存款日记账与银行对账单时，发现2009年初存在未达账项13 000.00元，2008年末仍未调整。经调查，系2008年12月文体局拨付少儿馆文化事业费时，银行对账单记载拨出26 000.00元，银行存款明细账和会计凭证、原始凭证却只记载13 000.00元，少记拨出款项13 000.00元。其违反了《中华人民共和国会计法》第十条及该条第一款“款项和有价证券的收付应当办理会计手续，进行会计核算”的规定。根据《国务院关于违反财政法规处罚的暂行规定》第五条第四款“冲转有关的账目”的规定，责令其于2010年12月31日前做调账处理。

四、审计建议

1. 该单位以后应加强会计基础工作，严格按照会计制度使用会计科目。

2. 文体局存有下属单位盖有财务章的白据，向下拨款后由文体局财会人员自行填写，此种做法存在着比较严重的弊端，必须认真加以纠正。

审计组长：陈清

二〇一〇年九月十二日

（2）经济责任审计的审计报告（见例2－17）。

例2－17

白鹤县审计局文件

白鹤审发［2010］29号

白鹤县审计局关于宋财同志任职期间
经济责任的审计报告

白鹤县人民政府：

根据县政府授权和《白鹤县领导干部和企业领导人员经济责任审计办法》第十五条第

二款的规定，我们于2010年11月7日至12月13日，对宋财同志自2003年5月至2010年10月任白鹤县机关印刷厂厂长职务期间的经济责任进行了报送审计。审计工作得到了该单位的积极配合，工作进展顺利。现将审计情况报告如下：

一、基本情况

（一）被审计单位基本情况

白鹤县机关印刷厂为国有工业企业，隶属白鹤县政府办公室。至2010年10月末，该厂共有职工132人，其中在岗40人，停薪留职35人，退休57人。该厂财务工作由宋财同志主管。

（二）审计实施情况

我们2010年11月4日下发审计通知并张贴经济责任审计公示，于2010年11月7日开始对白鹤县机关印刷厂进行报送审计。进点后首先要求被审计单位对其提供的会计资料的真实性、完整性进行承诺，对其提供的会计资料进行登记。审计中认真遵循审计准则，按审计程序和经济责任审计的要求，对该厂的资产、负债、损益及债权债务和财务收支等情况进行了审计。

二、审计评价

审计认为，宋财同志自任白鹤县机关印刷厂厂长以来，国有资产增加3 245 130.50元，实现了国有资产的增值。债权与债务相抵后，净债务741 131.56元，比任职初期减少50 435.60元。资产负债率为24.69%，比任职初期的109.69%减少85个百分点，偿债能力明显增强。从经济效益方面看，在其任期内，该单位实现减亏392 849.38元；从财务管理方面来看，账目清楚，管理有序，内部控制制度健全有效；从合规合法方面来看，该厂存在未按规定取得发票等问题，宋财同志应负主要责任。

三、资产、负债、所有者权益情况

（一）资产情况

至2010年10月末，白鹤县机关印刷厂的总资产为4 183 509.77元，比任职初期的974 643.55元增加3 208 866.22元。其中：货币资金503.35元，比任职时增加391.50元；应收账款291 681.89元，比任职时增加14 171.32元；存货427 276.09元，比任职时增加201 527.80元；固定资产净值3 378 116.13元，比任职时增加3 017 496.41元；其他资产85 932.31元，比任职时减少24 720.81元。

（二）负债情况

至2010年10月末，白鹤县机关印刷厂总负债为1 032 813.45元，比任职初期的1 069 077.73元减少36 264.28元。其中：短期借款27 000.00元，比任职时减少386 000.00元；应付账款837 760.86元，比任职时增加257 632.89元；其他应付款36 019.28元，比任职时增加36 019.28元；应付福利费91 963.19元，比任职时增加93 203.48元；应交税金40 070.12元，比任职时增加30 050.91元；预提费用为0，比任职时减少2 170.84元；长期借款为0，比任职时减少65 000.00元。

2010年10月末，资产负债率为24.69%，比任职时的109.69%减少了85个百分点。

（三）所有者权益情况

至2010年10月末，白鹤县机关印刷厂所有者权益为3 150 696.32元，比任职初期的-94 434.18元增加3 245 130.50元。其中：实收资本3 303 862.00元，比任职时增加2 852 281.12元；盈余公积24 420.71元，与任职时相同；本年利润225.31元，比任职时增加118 490.97元；利润分配-177 812.36元，比任职时增加274 358.41元。

四、国有资产保值增值及债权、债务情况

至2010年10月末，白鹤县机关印刷厂的净资产为3 150 696.32元，比任职初期的-94 434.18元增加3 245 130.50元，实现了国有资产的增值。债权额为291 681.89元，比任职时增加14 171.32元；债务额为1 032 813.45元，比任职时减少36 264.28元。债务减去债权后，净债务741 131.56元，比任职时减少50 435.60元。

五、收支结余情况

（一）收入情况

2003年5月至2010年10月末，该厂各种收入账面数为3 428 408.74元，其中：

1. 产品销售收入3 101 678.26元。
2. 其他业务利润163 261.85元。
3. 营业外收入163 468.63元。

经审计，调增990 608.63元，具体为：

1. 2003年调增1999年3月37号传票2 455.71元。
2. 2004年核销贷款278 000.00元。
3. 核销往来等443 140.12元。
4. 2005年财政拨款25 000.00元。
5. 2006年财政拨款10 000.00元。
6. 2007年退税96 000.00元。
7. 2007年从应交税金转入14 301.91元。
8. 2007年其他收入99 166.69元。
9. 2008年社保拨款22 543.80元。

调整后总收入为4 419 016.97元。

（二）支出情况

2003年5月至2010年10月末，该厂各项成本费用账面数为4 020 624.21元，其中：

1. 产品销售成本3 064 426.29元。
2. 产品销售费用59 521.16元。
3. 产品销售税金及附加28 056.80元。
4. 管理费用686 423.29元。
5. 财务费用142 080.63元。
6. 营业外支出40 116.04元。

经审计，调增5 543.38元，具体为：

1. 2003年税款5 000.00元。
2. 2004年税款543.38元。

调整后总支出为4 026 167.59元。

（三）结余情况

2003年5月至2010年10月末，经审计调整，该厂总收入减去支出后，实现利润392 849.38元，弥补任职初期的亏损570 436.43元后，体现亏损177 587.05元。

六、审计中发现的问题

（一）未按规定取得发票28 641.00元

审计中发现，2005年至2010年该厂共有22笔支出计28 641.00元，未取得正式发票。违反了《中华人民共和国发票管理办法》第二十二条“不符合规定的发票，不得作为财务报销凭证，任何单位和个人有权拒收”的规定。根据《中华人民共和国行政处罚法》第二十九条“违法行为在两年内未被发现的，不再给予行政处罚”的规定，不再给予处罚。

（二）应缴未缴税金及附加25 581.94元

1. 该厂2006年收取市内楼房租赁费140 000.00元。依据《中华人民共和国房产税暂行条例》第三条“房产出租的，以房产租金收入为房产税的计税依据”及第四条“房产税，依照房产租金收入计算缴纳的税率为12%”的规定，经计算应交房产税16 800.00元；依据《中华人民共和国营业税暂行条例》税目税率表租赁业税率为5%的规定，经计算应缴营业税7 000.00元；依据《中华人民共和国城市维护建设税暂行条例》第三条“城市维护建设税，以纳税人实际缴纳的产品税、增值税、营业税税额为计税依据，分别与产品税、增值税、营业税同时缴纳”以及第四条“纳税人所在地在市区的，税率为7%”的规定计算，应缴城建税490.00元；依据国发明电［1994］2号《国务院关于教育费附加征收问题的紧急通知》第一款“教育费附加以各单位和个人实际缴纳的增值税、营业税、消费税的税额为计税依据，附加率为3%，分别与增值税、营业税、消费税同时缴纳。对从事生产卷烟类和烟叶生产的单位，减半征收”的规定，应缴教育费附加210.00元。

2. 该厂2008年至2010年，出售不动产共取得收入19 671.60元。依据《中华人民共和国营业税暂行条例》税目税表出售不动产税率为5%的规定，经计算应缴营业税983.58元；依据《中华人民共和国城市维护建设税暂行条例》第三条“城市维护建设税，以纳税人实际缴纳的产品税、增值税、营业税税额为计税依据，分别与产品税、增值税、营业税同时缴纳”以及第四条“纳税人所在地在市区的，税率为7%”的规定计算，应缴城建税68.85元；依据国发明电［1994］2号《国务院关于教育费附加征收问题的紧急通知》第一款“教育费附加以各单位和个人实际缴纳的增值税、营业税、消费税的税额为计税依据，附加率为3%，分别与增值税、营业税、消费税同时缴纳。对从事生产卷烟类和烟叶生产的单位，减半征收”的规定，应缴教育费附加29.51元。

以上两项合计应缴未缴税金及附加25 581.94元，根据吉审财发［2010］27号《关于审计机关财政机关依法查出的税收违法资金缴库问题的通知》第二条“审计机关、财政机关在依法检查中查出有因税收违法行为应追缴的税款、滞纳金的，应将检查决定书抄送有关税务机关，并责成被检查单位向当地税务机关缴纳……”的规定，现令该厂到税务机关补缴。

白鹤县审计局（公章）

二〇一〇年十二月二十八日

主题词：审计　　任期　　经济责任　　报告

抄　报：县委（2）县纪委（1）县委组织部（3）

局内分送：局领导（6）法制科（1）存档（2）

白鹤县审计局　　2010年12月28日印发

2. 民间审计报告的格式和实例

（1）无保留意见审计报告的格式和实例（见例2－18）。

例2－18

审　计　报　告

ABC股份有限公司全体股东：

我们审计了后附的ABC股份有限公司（以下简称ABC公司）财务报表，包括2010年12月31日的资产负债表，2010年度的利润表、股东权益变动表和现金流量表以及财务报表附注。

一、管理层对财务报表的责任

按照企业会计准则和《××会计制度》的规定编制财务报表是ABC公司管理层的责任。这种责任包括：（1）设计、实施和维护与财务报表编制相关的内部控制，以使财务报表不存在由于舞弊或错误而导致的重大错报；（2）选择和运用恰当的会计政策；（3）作出合理的会计估计。

二、注册会计师的责任

我们的责任是在实施审计工作的基础上对财务报表发表审计意见。我们按照中国注册会计师审计准则的规定执行了审计工作。中国注册会计师审计准则要求我们遵守职业道德规范，计划和实施审计工作以对财务报表是否不存在重大错报获取合理保证。

审计工作涉及实施审计程序，以获取有关财务报表金额和披露的审计证据。选择的审计程序取决于注册会计师的判断，包括对由于舞弊或错误导致的财务报表重大错报风险的评估。在进行风险评估时，我们考虑与财务报表编制相关的内部控制，以设计恰当的审计程序，但目的并非对内部控制的有效性发表意见。审计工作还包括评价管理层选用会计政策的恰当性和作出会计估计的合理性，以及评价财务报表的总体列报。

我们相信，我们获取的审计证据是充分、适当的，为发表审计意见提供了基础。

三、审计意见

我们认为，ABC公司财务报表已经按照企业会计准则和《××会计制度》的规定编制，在所有重大方面公允反映了ABC公司2010年12月31日的财务状况以及2010年度的经营成果和现金流量。

××会计师事务所	中国注册会计师：×××
（盖章）	（签名并盖章）
	中国注册会计师：×××
	（签名并盖章）
中国××市	二〇一一年×月×日

（2）带强调事项段的无保留意见的审计报告（见例2－19）。

例2－19

审 计 报 告

ABC股份有限公司全体股东：

我们审计了后附的ABC股份有限公司（以下简称ABC公司）财务报表，包括20×1年12月31日的资产负债表，2010年度的利润表、股东权益变动表和现金流量表以及财务报表附注。

一、管理层对财务报表的责任

按照企业会计准则和《××会计制度》的规定编制财务报表是ABC公司管理层的责任。这种责任包括：（1）设计、实施和维护与财务报表编制相关的内部控制，以使财务报表不存在由于舞弊或错误而导致的重大错报；（2）选择和运用恰当的会计政策；（3）作出合理的会计估计。

二、注册会计师的责任

我们的责任是在实施审计工作的基础上对财务报表发表审计意见。我们按照中国注册会计师审计准则的规定执行了审计工作。中国注册会计师审计准则要求我们遵守职业道德规范，计划和实施审计工作以对财务报表是否不存在重大错报获取合理保证。

审计工作涉及实施审计程序，以获取有关财务报表金额和披露的审计证据。选择的审计程序取决于注册会计师的判断，包括对由于舞弊或错误导致的财务报表重大错报风险的评估。在进行风险评估时，我们考虑与财务报表编制相关的内部控制，以设计恰当的审计程序，但目的并非对内部控制的有效性发表意见。审计工作还包括评价管理层选用会计政策的恰当性和作出会计估计的合理性，以及评价财务报表的总体列报。

我们相信，我们获取的审计证据是充分、适当的，为发表审计意见提供了基础。

三、审计意见

我们认为，ABC公司财务报表已经按照企业会计准则和《××会计制度》的规定编制，在所有重大方面公允反映了ABC公司2010年12月31日的财务状况以及2010年度的经营成果和现金流量。

四、强调事项

我们提醒财务报表使用者关注，如财务报表附注×所述，ABC公司在2010年发生亏损×万元，在20×1年12月31日，流动负债高于资产总额×万元。ABC公司已在财务报表附注×充分披露了拟采取的改善措施，但其持续经营能力仍然存在重大不确定性。本段内容不影响已发表的审计意见。

××会计师事务所　　　　　　　　中国注册会计师：×××

（盖章）　　　　　　　　　　　　（签名并盖章）

　　　　　　　　　　　　　　　　中国注册会计师：×××

　　　　　　　　　　　　　　　　（签名并盖章）

中国××市　　　　　　　　　　　二〇一一年×月×日

（3）保留意见的审计报告（审计范围受到限制）。保留意见的审计报告，见例2－20。

例 2－20

审 计 报 告

ABC 股份有限公司全体股东：

我们审计了后附的 ABC 股份有限公司（以下简称 ABC 公司）财务报表，包括 20×1 年 12 月 31 日的资产负债表，20×1 年度的利润表、股东权益变动表和现金流量表以及财务报表附注。

一、管理层对财务报表的责任

按照企业会计准则和《××会计制度》的规定编制财务报表是 ABC 公司管理层的责任。这种责任包括：(1) 设计、实施和维护与财务报表编制相关的内部控制，以使财务报表不存在由于舞弊或错误而导致的重大错报；(2) 选择和运用恰当的会计政策；(3) 作出合理的会计估计。

二、注册会计师的责任

我们的责任是在实施审计工作的基础上对财务报表发表审计意见。除本报告“三、导致保留意见的事项”所述事项外，我们按照中国注册会计师审计准则的规定执行了审计工作。中国注册会计师审计准则要求我们遵守职业道德规范，计划和实施审计工作以对财务报表是否不存在重大错报获取合理保证。

审计工作涉及实施审计程序，以获取有关财务报表金额和披露的审计证据。选择的审计程序取决于注册会计师的判断，包括对由于舞弊或错误导致的财务报表重大错报风险的评估。在进行风险评估时，我们考虑与财务报表编制相关的内部控制，以设计恰当的审计程序，但目的并非对内部控制的有效性发表意见。审计工作还包括评价管理层选用会计政策的恰当性和作出会计估计的合理性，以及评价财务报表的总体列报。

我们相信，我们获取的审计证据是充分、适当的，为发表审计意见提供了基础。

三、导致保留意见的事项

ABC 公司 20×1 年 12 月 31 日的应收账款余额×万元，占资产总额的×%。由于 ABC 公司未能提供债务人地址，我们无法实施函证以及其他审计程序，以获取充分、适当的审计证据。

四、审计意见

我们认为，除了前段所述未能实施函证可能产生的影响外，ABC 公司财务报表已经按照企业会计准则和《××会计制度》的规定编制，在所有重大方面公允反映了 ABC 公司 20×1年 12 月 31 日的财务状况以及 20×1 年度的经营成果和现金流量。

××会计师事务所
（盖章）

中国注册会计师：×××
（签名并盖章）
中国注册会计师：×××
（签名并盖章）

中国××市

二〇×二年×月×日

（4）否定意见的审计报告（见例 2－21）。

例2－21

审 计 报 告

ABC股份有限公司全体股东：

我们审计了后附的ABC股份有限公司（以下简称ABC公司）财务报表，包括20×1年12月31日的资产负债表，20×1年度的利润表、股东权益变动表和现金流量表以及财务报表附注。

一、管理层对财务报表的责任

按照企业会计准则和《××会计制度》的规定编制财务报表是ABC公司管理层的责任。这种责任包括：（1）设计、实施和维护与财务报表编制相关的内部控制，以使财务报表不存在由于舞弊或错误而导致的重大错报；（2）选择和运用恰当的会计政策；（3）作出合理的会计估计。

二、注册会计师的责任

我们的责任是在实施审计工作的基础上对财务报表发表审计意见。我们按照中国注册会计师审计准则的规定执行了审计工作。中国注册会计师审计准则要求我们遵守职业道德规范，计划和实施审计工作以对财务报表是否不存在重大错报获取合理保证。

审计工作涉及实施审计程序，以获取有关财务报表金额和披露的审计证据。选择的审计程序取决于注册会计师的判断，包括对由于舞弊或错误导致的财务报表重大错报风险的评估。在进行风险评估时，我们考虑与财务报表编制相关的内部控制，以设计恰当的审计程序，但目的并非对内部控制的有效性发表意见。审计工作还包括评价管理层选用会计政策的恰当性和作出会计估计的合理性，以及评价财务报表的总体列报。

我们相信，我们获取的审计证据是充分、适当的，为发表审计意见提供了基础。

三、导致否定意见的事项

如财务报表附注×所述，ABC公司的长期股权投资未按企业会计准则的规定采用权益法核算。如果按权益法核算，ABC公司的长期投资账面价值将减少×万元，净利润将减少×万元，从而导致ABC公司由盈利×万元变为亏损×万元。

四、审计意见

我们认为，由于受到前段所述事项的重大影响，ABC公司财务报表没有按照企业会计准则和《××会计制度》的规定编制，未能在所有重大方面公允反映ABC公司20×1年12月31日的财务状况以及20×1年度的经营成果和现金流量。

××会计师事务所　　　　　　中国注册会计师：×××
（盖章）　　　　　　　　　　（签名并盖章）
　　　　　　　　　　　　　　中国注册会计师：×××
　　　　　　　　　　　　　　（签名并盖章）
中国××市　　　　　　　　　二〇×二年×月×日

（5）无法表示意见的审计报告（见例2－22）。

例 2-22

审　计　报　告

ABC 股份有限公司全体股东：

我们接受委托，审计后附的 ABC 股份有限公司（以下简称 ABC 公司）财务报表，包括 20×1 年 12 月 31 日的资产负债表，20×1 年度的利润表、股东权益变动表和现金流量表以及财务报表附注。

一、管理层对财务报表的责任

按照企业会计准则和《××会计制度》的规定编制财务报表是 ABC 公司管理层的责任。这种责任包括：(1) 设计、实施和维护与财务报表编制相关的内部控制，以使财务报表不存在由于舞弊或错误而导致的重大错报；(2) 选择和运用恰当的会计政策；(3) 作出合理的会计估计。

二、导致无法表示意见的事项

ABC 公司未对 20×1 年 12 月 31 日的存货进行盘点，金额为×万元，占期末资产总额的 40%。我们无法实施存货监盘，也无法实施替代审计程序，以对期末存货的数量和状况获取充分、适当的审计证据。

三、审计意见

由于上述审计范围受到限制可能产生的影响非常重大和广泛，我们无法对 ABC 公司财务报表发表意见。

××会计师事务所 （盖章）	中国注册会计师：××× （签名并盖章） 中国注册会计师：××× （签名并盖章）
中国××市	二〇×二年×月×日

三、审计决定书的涵义及实例

（一）审计决定书的涵义

审计决定书是审计机关对被审计单位违反国家规定的财政收支、财务收支行为给予审计处理、处罚的法律文书。审计决定具有强制性，被审计单位必须在审计决定规定的期限内，纠正违反财经法规的问题，或接受审计机关的处罚。审计决定不仅有利于审计机关纠正违反财经法规的行为，挽回经济损失，促进被审计单位增强法制观念，遵纪守法，而且有利于严肃财经法纪，维护经济秩序，维护法律尊严。

（二）审计决定书的内容

审计决定书应包括以下内容：

1. 审计的范围、内容、方式和时间。
2. 被审计单位违反国家规定的财政收支、财务收支的行为。
3. 定性处理、处罚决定及其依据。

4. 处理、处罚决定执行的期限和要求。
5. 依法申请复议的期限和复议机关。

（三）审计决定书的格式

审计决定书的格式参见例2－23。

例2－23

××××××（审计机关全称）

审计决定书

审×决［××××］×号

××关于××××××的审计决定

______________：

自×年×月×日至×年×月×日，我×（署、厅、局、办）对你单位××××××进行了审计。现根据《中华人民共和国审计法》第四十条和其他有关法律法规，作出如下审计决定：

____

____

____

本决定自送达之日起生效。如果对本决定不服，可以在收到本决定之日起60日内，向××申请复议。复议期间本决定照常执行。

本决定在××××年××月××日前执行完毕。

（审计机关全称印章）

××××年××月××日

主题词：××　××　××

抄　送：×××××

（四）审计决定书实例

审计意见、审计决定复核意见书

主审科	行审科	被审计单位	白鹤县文体局
审计意见书名称	关于白鹤县文体局2006年财务收支情况审计意见		
审计决定名称	关于白鹤县文体局2006年财务收支情况审计决定		
复核人员		受理日期	

续表

复核意见： 经复核后认为与局审计业务会议审定意见一致。 复核人签字：王昌 2007 年 10 月 18 日

注：一式两份，一份复核机构存，一份交审计组。

审计决定书实例，见例 2 – 24。

例 2 – 24

白鹤县审计局
审计决定书

审白鹤决［2011］7 号

白鹤县审计局
关于白鹤县文体局 2006 年度财务
收支情况的审计决定

白鹤县文体局：

自 2011 年 7 月 30 日至 9 月 11 日，我局对你单位 2010 年度财务收支情况进行了审计。现根据《中华人民共和国审计法》第四十条和其他有关法律法规，作出如下审计决定：

你单位银行存款 2010 年初存在未达账项 13 000.00 元，2010 年末仍未调整，经调查，系 2009 年 12 月文体局拨付少儿馆事业费时，银行对账单记载拨出 26 000.00 元，银行存款明细账和会计凭证、原始凭证却只记载了 13 000.00 元，少记拨出款项 13 000.00 元，违反了《中华人民共和国会计法》第十条及该条第一款的规定。根据《国务院关于违反财政法规处罚的暂行规定》第五条第四款的规定，责令你单位于 2011 年 12 月 31 日前作出账务处理。

本决定自送达之日起生效。如果对本决定不服，可以在收到本决定之日起 60 日内，向白城市审计局或白鹤县人民政府申请复议。复议期间本决定照常执行。

本决定在 2007 年 12 月 31 日前执行完毕。

白鹤县审计局（公章）
二〇一一年十月十七日

主题词：财务　　收支　　审计　　决定

抄　送：白城市审计局

白鹤县审计局　　2011 年 10 月 17 日

四、审计意见书的涵义及实例

（一）审计意见书的涵义

审计意见书是审计机关审定审计报告后，对审计事项作出评价和向被审计单位提出改进财政财务收支管理意见的文书。审计机关出具审计意见书，一方面要求被审计单位纠正违反国家规定的财政财务收支的问题；另一方面对被审计单位加强内部管理、完善各项制度提出审计建议。

根据《审计法》和审计法实施细则，我国国家审计机关审定审计报告后，要对被审计单位财政财务收支的真实、合法、效益作出评价，对审计中发现的问题提出审计意见，并对管理中存在的簿弱环节提出改进建议。

（二）审计意见书的主要内容

审计意见书应包括以下内容：

1. 审计的范围、内容、方式和时间。
2. 对被审计事项的评价意见和评价依据。
3. 责令被审计单位自行纠正的事项。
4. 改进被审计单位财务收支、财务收支管理和提高效益的意见和建议。

（三）审计意见书的格式

审计意见书的格式参见例2－25和例2－26。

例2－25

××××××（审计机关全称）

审计意见书

审×意［××××］×号

×××关于××××××的审计意见

________________：

自×年×月×日至×年×月×日，我×（署、厅局、办）对你单位×××××××××进行了审计。现出具以下审计意见：

____

____

（审计机关全称印章）

××××年××月××日

主题词：××　××　××

抄　送：××××××

例 2－26

白鹤县审计局
审计意见书

审白鹤意［2011］10 号

白鹤县审计局
关于白鹤县文体局 2006 年度财务
收支情况的审计意见

白鹤县文体局：

自 2011 年 7 月 30 日至 9 月 11 日，我局对你单位 2010 年度财务收支情况进行了审计。现出具以下审计意见：

经审计，我们认为，你单位的会计核算基本合法合规，在账务处理方面基本正确，会计资料基本真实地反映了财务收支情况，但存在在往来账中列收列支现象。以后应加强会计基础工作，严格按照会计准则和会计制度去处理既定的经济业务。

白鹤县审计局（公章）
二〇一一年十月十七日

主题词：财务 收支 审计 意见

抄 送：白城市审计局

白鹤县审计局 2011 年 10 月 17 日

五、管理建议书的涵义及实例

（一）管理建议书的涵义

管理建议书是民间审计人员在完成审计工作后，对被审计单位内部控制制度中存在的薄弱环节或缺陷，以书面形式提出的改进建议。管理建议书是为被审计单位管理部门掌握经营管理提供建议，管理部门藉以改善控制和管理，以增强企业生存和竞争能力。提交管理建议书是民间审计人员的职业责任，是对被审计单位提供的服务之一。

（二）管理建议书的结构和内容

管理建议书的基本结构包括五部分，各部分的先后顺序和主要内容是：

1. 收件人。收件人一般是被审计单位的管理部门，如各级行政机关或董事会、股东大会等特定使用者。开头应署明收件人，并且应写全称，以便准确致送管理建议书。

2. 前言部分。前言部分应主要说明委托项目的概况和被审计单位内部控制制度的检查范围与程序，提出管理建议的目的，以及其他有关内容。

3. 正文部分。正文部分是管理建议书的主体，包括审计人员提出的问题、意见和建议等。

具体内容应包括：

（1）对该项内部控制制度存在问题的简要阐述。审计人员应通过在审计过程中对内部控制制度的符合性测试，发现其缺陷和失控的环节；针对被审计单位的实际情况所发表的意见，应使阅读者明白其现实控制对内部控制制度主要目标的符合程度，即审计人员表示内部控制制度对预防和及时发现错误及弊端的判断意见。

（2）对存在问题的分析意见。管理建议书中应当将被审计单位准备依据审计报告中的建议进行调整或改进的情况加以说明。如果被审计单位对审计报告中提出的问题已进行了调整或改进，可只作简要说明；对于未进行调整或改进的问题，则应将审计人员和被审计单位有关人员的意见一并列示；如果被审计单位对以前年度管理建议书所提出的问题与建议未采纳，并从而扩大了内部控制制度的缺陷和弱点，则应在正文部分明确指出，并作重点分析。

（3）对内部控制制度及有关方面的改进建议及理由。管理建议书应根据被审计单位内部控制制度的缺陷和弱点及其对存在问题的分析，提出改进建议及理由。

正文部分的问题、意见与建议，主要是对内部控制制度而言，但对于会计控制制度之外的影响企业经营与发展的问题，也可以采取一定的方式在管理建议书中予以说明。

4. 说明部分。说明部分主要是对提交管理建议书的性质、责任等加以解释。一般应明确指出：

（1）审计人员的审查以符合性测试为基础，有一定的局限性，不可能提示被审计单位内部控制中存在的全部问题或弱点，以及由此引发的所有错弊。建立完善的内部控制制度是被审计单位及其管理部门的责任。

（2）提供管理建议书不是审计业务规定的内容，而是审计机构为被审计单位提供的委托项目之外的服务。

5. 签发者和签发日期。管理建议书的签发者应是接受委托审计的审计机构，如会计师事务所等。签发的日期应为完成外勤审计工作日期。

（三）管理建议书的格式和实例

管理建议书的格式和实例参见例2－27。

例2－27

兴华股份有限公司管理当局：

我们在审计贵公司2010年度会计报表过程中，调查研究了贵公司与本年度审计相关的内部控制系统的有效性。贵公司对所提供的会计报表负责，我们提供管理建议书的目的是就贵公司内部控制制度存在的重大缺陷提出改进建议。

贵公司制定的内部控制制度是为了保护贵公司资产的安全、完整和有效运用，保证会计资料的真实可靠，提高经营管理水平和效益而采取的一系列措施和方法。我们在研究与评价贵公司2010年度内部控制及执行的有效性中，发现下列情况，致使我们认为，这些情况的存在会导致贵公司会计报表整体反映失实或不当的行为有可能发生，而且不能在适当的期间被发现，现将发现的贵公司内部控制存在的问题及改进建议列示如下：

1. 贵公司在收到顾客订单后，销货部门即与仓库联系，填制销货发票交顾客提货，同时送会计部门登账。由于销货部门未能及时了解顾客的财务状况和资信情况，有可能产生大额坏账损失。建议销货部门收到订单后应先审核顾客的资信情况，批准赊销限额后再填制销售发票，对资信情况差的客户不宜大批赊销，最好采用现销方式。

2. 在费用报销审批环节，存在多个负责人签字批准报销，而且未经其他有关人员复核的情况，这样就会造成公司的费用支出失去有效控制。建议贵公司建立一套完整的负责人签字审批复核制度。

3. 收到银行对账单后由出纳员编制银行存款余额调节表，这违背了国家有关财会制度，建议应由出纳员以外的其他会计人员编制此表。

上述提出的内部控制重大缺陷只是我们在审计过程中注意到的，不是内部控制可能存在的全部缺陷。本建议书不应视为对贵公司内部控制整体发表鉴证意见，也不能解除贵公司建立健全内部控制制度的责任，并且不改变我们应当发表的审计意见。

我们出具的管理建议书只向贵公司的管理阶层、董事会和股东大会提供。对贵公司因使用不当造成的后果，由贵公司负责。

海信会计师事务所（公章）　　　　中国注册会计师：李伟东（章）

地址：白云市幸福大街88号

2011 年1月16日

第三章 审计案例模拟与分析

第一节 审计案例概述

一、审计案例的涵义及特征

审计是社会经济发展到一定阶段的产物，是经济发展的客观需要。实践证明，经济越发展，审计越重要。我国宪法和《中华人民共和国审计法》都赋予了审计在国民经济监督体系中重要的地位。审计在经济发展中所发挥的重要作用，客观上要求建立高素质的审计队伍，配备具有较高水平的审计人员，以充分履行其职能。因此，完善审计教学方法和手段，培养高质量的审计人才，是审计教学的一项极为重要的任务。开展审计案例教学，就是结合审计教学培养目标，理论联系实际，解决课堂与社会实践相脱离的有效途径，对于完善教学手段，提高教学质量具有非常重要的意义。

审计案例，就是对审计监督活动中的一些具有代表性的事例加以收集、整理、筛选、提炼而形成的案卷和例子，是对实际工作中的审计过程所进行的客观描述。审计案例具有以下特征：

（一）典型性

审计工作所涉及的经济活动是错综复杂的，其错误和弊端的表现形式也是多种多样的。审计教学案例是根据教学的目的和要求，选择具有典型意义的案例以满足教学需要。只有典型的案例，才具有代表性，才具有一定的指导意义，才能促使审计理论教学与实践相结合。

（二）系统性

由于审计组织形式、审计对象和审计目的的不同，审计案例的模式和内容也不相同。为使学生了解和掌握各种审计组织形式下，以及各种审计对象和审计目的下的审计案例，也需反映不同审计对象和目的的审计案例。

（三）真实性

审计案例来源于审计实践，是对实践中审计实务的客观描述，只有真实的案例，才会生动，才有深度和广度。有时为了教学需要，简化、虚拟和移植一些环节，其目的是为了使案例更为集中和典型，以开阔学生视野。但是，任何简化、虚拟和移植，都是建立在真实客观基础之上的，而不是主观的杜撰。

（四）前瞻性

审计工作的目的和内容会随着经济的发展和政治形势的变化而有一些变化，并且在不同的政治经济形势下，都具有其工作的侧重点。审计案例，应具有前瞻性，为使学生理论和实践结合，便于学生操作和理解，审计案例只能结合当前实践或适度超前。

二、审计案例的作用

审计案例的作用主要表现在以下几个方面：

（一）总结审计经验，提高审计质量

审计案例是在为数众多、纷繁复杂的审计实务中，选择一些具有典型意义的案例，进行整理、归纳、综合。因此，在对审计案例加工整理的过程中，也必然要对已经产生的审计事项进行总结和分析。这样，既能看到审计工作的成功经验，又能发现审计工作中存在的问题和不足，从而加深对审计过程的认识，为今后的审计工作和审计教学提供借鉴和依据，进而提高审计工作水平和审计教学质量。

（二）揭示审计规律，指导审计实践

世界上的任何工作，都有其规律性，审计也不例外。审计工作质量和工作效率均受到审计工作规律的制约。选编审计案例，能探索审计工作的一系列规律、程序和方法，并进行科学的总结，如审计目标的确定、审计方案的实施、审计标准的采用、审计证据的收集、审计报告与结论的编写等。这对于把握审计工作的规律性，实现审计工作程序化、规范化，起到了积极的作用。

（三）完善审计理论，深化教学改革

审计理论是审计实践的总结、提炼、升华、抽象与概括，审计理论来源于审计实践，并在实践中不断得到充实和完善，进而反过来又指导实践，促进审计实践的发展。审计案例来源于审计实践，是对审计工作过程的整理、筛选、提炼、升华，是从纷繁复杂的活动中探索审计程序、方法和内在规律性，找出错弊形态的普遍性和特殊性，便于归纳或演绎审计理论，促进审计理论的完善与发展。

（四）更新教学方法，开拓学生思路

审计学是一门实用性、应用性较强的学科，但是审计教材阐述理论性和政策性的东西较多，审计实践和方法介绍的较少，而且往往是一般性的介绍。运用审计案例教学，一方面可以使教师在教学中运用案例来阐明教材的内容和方法；另一方面可以使学生加深对教材内容的理解，培养学生观察、分析和解决问题的能力，启发学生思维，开拓学生思路。

三、审计案例的内容

无论是国家审计机关、内部审计机构或是社会审计组织进行的审计，也不论是财政财务审计、财经法纪审计或是经济效益审计，审计案例一般包括以下几方面的内容：

一是案例标题，就是说明进行何种内容和目的的审计，使学生对案例所述内容有一个基本的印象。

二是审计线索，就是表明审计案例所述审计项目的立案依据。在审计线索中，应对被审计单位存在的主要问题作出简要的说明，它一般也是进行审计的直接原因。

三是线索追踪，是指审计人员对被审计单位的有关情况进行调查、了解，对重点问题进行检查、收集审计证据并最终做出审计认定的过程。

四是审计处理，它是审计工作的最终结果，是审计人员通过对各种审计资料、审计证据的整理、分析、审查认定后，对被审计单位的有关情况进行审计评价，提出审计意见和建议。

五是账项调整，它是对审计结论中涉及会计账项调整的内容进行账务处理，以保证会计资料的真实可靠。

四、审计案例的种类

审计案例的分类，一般应与审计分类一致，但也有所不同。审计案例按其反映的内容、主体、范围和方式的不同，可以进行以下分类。

（一）按照审计案例反映的内容和目的进行分类

按照反映的内容和目的分类，审计案例可以分为财政、财务审计案例、经济效益审计案例和财经法纪审计案例。

财政、财务审计案例是对被审计单位的财政、财务收支活动的真实性、合法性、合理性以及其会计处理的正确性进行审计的案例。

经济效益审计案例是对被审计单位的经营决策、投资效果、资金使用以及业绩考核等进行审计的案例。

财经法纪审计案例是对被审计单位严重违反财经法纪的行为所进行的专案审计案例。

（二）按照审计案例反映的审计主体进行分类

按照反映的审计主体，审计案例可以分为国家审计案例、社会审计案例、内部审计案例。

国家审计案例是指由国家审计机关所实施审计形成的案例。

社会审计案例是指经有关部门审核批准成立的社会审计组织所实施审计形成的案例。

内部审计案例是指由部门、单位内部的审计机构或审计人员所实施审计形成的案例。

（三）按照审计案例反映的审计范围进行分类

按照反映的审计范围分类，审计案例可以分为综合审计案例和专题审计案例。

综合审计案例是指对被审计单位在一定时期内的全部经济活动进行全面、详细审计的案例。

专题审计案例是指对被审计单位的某一特定项目或某个具体方面进行审计的案例。

（四）按照描述审计案例的文体形式进行分类

按照描述的文体形式分类，审计案例可分为叙述性案例和分析性案例。

叙述性案例是将实施审计的详细过程、具体情节原原本本地描述出来的案例。比如审计工作程序案例。

分析性案例是指除对审计过程的主要内容进行描述外，还在案例中增加一些可供分析讨论的问题，启发学生思维，提高学生观察问题、分析问题和解决问题的能力。

五、审计案例教学的意义

审计案例是审计学科体系的一个重要组成部分，同时也是审计学科体系中一门实务性最强的专业审计学科。运用审计案例组织教学，对于贯彻理论联系实际的教学原则，培养学生分析问题和解决问题的能力，以及在改革传统的注入式课堂教学方法为启发式等方面，都会有明显的突破。审计案例教学的积极意义主要表现在以下几个方面：

第一，可以深化理论教学，巩固学生已学知识。在会计学、审计学专业教学中，除开设审计基础理论课外，还开设了会计学基础、财务会计、成本会计、管理会计、财务管理等课程。采用案例教学方法，就能通过实际案例，在课堂教学中使各科知识综合运用，互相渗透，将已学的各学科基本理论融会贯通，起到深化理论教学的作用，达到巩固学生已学知识的效果。

第二，可以增强感性认识，有利于训练实际工作能力。理论认识有赖于感性认识，这既是一条认识规律，也是教学活动的重要规律。由于审计案例是源于审计实践的典型素材，所以其内容主要提供的是具体、明确、生动的感性知识。这样，案例教学就能够运用每个案例的实际资料，从审计全过程中指明审计原则的方法，启发审计程序和步骤，进而培养学生洞察问题、发现问题和根据实证分析问题的实际技能，并为理解所学理论打下坚实的感性认识基础。

第三，可以推进“启发式”教学，提高课堂教学质量。废除注入式，提倡启发式，是多年来我国教学方法改革的重要课题之一。对启发式的理解，我们不能简单地以课堂讲授量的多少为界限。少讲不等于启发式，多讲不等于注入式。提倡启发式不应排除课堂讲授，关键在于使讲授者做到循循善诱，触类旁通，从而提高课堂讲授质量。运用审计案例进行案例教学，乃是审计教学推行启发式的一个有效方法。如讲授案例必须以案例情节为线索，在讲授的启发下，引起学生对案例事实的评价是否客观，结论是否正确，建议是否可行等方面进行识别和判断，从中激发其独立思考，并以案例为典型，举一反三，使学生听课的过程成为积极思维的过程。这就在一定程度上达到了启发式教学的目的，有助于提高教学质量。

第二节 模拟审计案例

一、审计工作程序案例

案例一 国家审计机关审计工作程序案例

（一）年度审计计划

审计署驻中原市特派员办事处
审计项目计划报告

审字（2011）第1号

审计署：

根据全国审计工作会议精神以及办事处“关于编制2011年审计项目计划的通知”要求，结合中原市实际情况，我们编制了2011年度的审计项目计划，现予呈报。

1. 指导思想

2011年度，我特办处继续狠抓审计质量，加大审计力度，在上年审计工作基础上，加强和改进审计工作方法，切实搞好综合经济管理部门、大中型企事业单位和重点单位、重点项目的审计。促进审计工作规范化、法制化、制度化，为提高审计质量，使审计工作有一个较大的发展和新的突破，作出积极贡献。

2. 编制原则和依据

根据上级审计工作相关的部署，坚持顾及全面、突出重点的原则，对2011年度审计工作计划大体按照去年审计规模进行编制。

（1）加强金融审计。重点审查信贷政策执行情况，企业资产负债比例状况，促进金融部门防范金融风险。

（2）全面加强粮食企业审计。近年来，粮食企业问题较多、较集中，要对粮食企业进行全面审计，整顿粮食企业经济秩序。

（3）改进政府部门定期审计的重点。本年度的审计重点是预算外资金较多、罚没收入较多的单位和部门。惩治行业腐败，加强廉政建设。

（4）加强对国有大中型企业的审计。国有大中型企业实现扭亏或减亏，应落在实处，审计的重点应放在企业财政财务收支及会计信息的真实性、合法性、合理性上。

（5）抓住群众举报线索，认真做好财经法纪审计。

根据以上原则和审计重点，全年共安排审计项目25个（详情见2011年审计项目计划表，如表3－1所示）。

表3－1　　2011年度审计项目计划表

项　目	项目个数	单位名称
商贸系统	4	省粮食系统（全部） 省石油公司系统（全部）（其他单位略）
工交系统	5	中原市春美集团、飞人集团（其他单位略）
金融系统	2	建设银行系统及所属公司 工商银行系统及所属公司
⋮	⋮	⋮

3. 主要措施

（1）实行项目责任制。将审计计划项目落实到各处室、人员。计划完成情况与各处室、人员的评比指标直接相关。同时，经常检查计划完成情况，确保审计计划全面完成。

（2）大力推进审计工作法制化、规范化、制度化，提高审计质量和执业水平。审计工作严格按照审计工作程序和规范进行。

(3) 加强廉政建设。增强廉政意识，杜绝经济腐败，严格执行审计人员工作纪律。一经发现有关问题，从严处理。

(4) 岗位培训和后续教育。根据情况组织全体审计人员进行政治业务学习，及时了解党的方针政策、法律法规，提高审计人员业务素质和政治素质。

附：2011年审计项目计划表。

2011年1月10日

(公章)

(二) 审计工作方案

以中原市建行信托投资公司为例，如表3-2所示。

表3-2

<table>
<tr><td>被审计单位</td><td>中原市信托投资公司</td><td>审计方式</td><td>就地审计</td></tr>
<tr><td>编制依据</td><td colspan="3">上级审计机关工作部署和本审计部门年度审计工作计划</td></tr>
<tr><td colspan="4">审计目标：
通过审计，查清公司资产负债情况及偿债能力、损益情况，查清公司财务收支的合法性、真实性、合规性，以便找出存在的问题，规范对信托投资公司的管理，增强防范风险的能力，维护金融秩序。</td></tr>
<tr><td colspan="4">审计范围：
1. 时间范围：2010年度，相关事项或问题可追溯到以前年度。
2. 公司范围：包括总公司、全资子公司和控股公司。
3. 业务范围：包括信托、委托、投资、租赁、咨询、代理等全部业务。</td></tr>
<tr><td colspan="4">审计内容与重点：
(一) 审计内容：资产、负债、损益的真实、合法和效益情况
1. 资产、负债比例管理情况。
2. 信托业务。存款是否在规定的对象与范围内吸收，贷款是否在规定的指标或比例内发放，存贷款是否执行了法定的利率，到期是否能按期偿付存款本息或收回贷款本息。
3. 委托业务。委托存款来源是否真实、合法，委托贷款是否按照委托人指定的各项要求办理，委托存贷款是否控制在规定的比例以内，有无搞假委托和信托投资公司承担贷款风险并造成损失的情况。
4. 投资业务。中长期和短期投资是否分别控制在规定比例以内，投资的结构、收益、风险及损失的情况如何。
5. 拆借资金。拆出、拆入资金是否控制在规定比例以内，拆借的对象、用途、期限、利率是否符合规定，有无用拆借资金发放贷款或炒股票、债券、期货，并形成风险造成损失的情况。
6. 租赁业务。租赁项目是否真实、合法，有无以租代购、以租代建或自租自用，并形成风险造成损失的情况。
7. 代理业务。自营和代理是否划分清楚，证券的代理买入、卖出和发行是否真实、合法。
8. 其他业务。如对外举债是否合法，外债运用是否合规、有效，外债偿还能力如何，固定资产、在建工程、递延资产及应收应付账款等的真实性、合法性，以及有无账外经营、私设"小金库"情况。
9. 所有者权益。权益内各项目数据是否真实、合法，资本充足率和核心资本是否符合规定，有无擅自冲减、抽调资本金的情况。
10. 损益。各项财务收支是否真实、合法，应收、应付利息收支是否按权责发生制原则办理，各种准备金的计提、风险金的计提使用或核销是否真实、合法，各项应纳税金是否足额、及时缴纳，有无隐瞒、转移、截留收入或虚列支出等，造成虚盈实亏或虚亏实盈的情况。
(二) 审计重点
1. 风险情况。主要是备付率水平，资产、负债结构，不良贷款比例。
2. 各项资产是否真实存在，有无虚增、虚列资产或资产流失的情况；资产的运用是否有效，收益率如何。
3. 支付能力情况。主要是负债中应按期偿还的借款或拆入资金，是否能按期还本付息。
4. 各项应收、应付款项的真实、合法情况。
5. 损益情况。主要是盈亏是否真实，有无虚盈实亏或虚亏实盈的情况。</td></tr>
</table>

续表

<table>
<tr><td>计划工作时间</td><td colspan="2">2011年3月2日至3月20日</td></tr>
<tr><td colspan="3">具体实施步骤：
1. 3月2日发出审计通知书。
2. 3月5日进驻被审计单位。
3. 3月5日至3月18日实施业务审计。先审查中信证券部及所属营业部，之后再审查投资公司营业部及各办事处，最后审查信托投资公司本部。3月19、20两日，整理审计工作底稿，草拟审计报告，并征求被审计单位意见。</td></tr>
<tr><td colspan="3">审计方法：
采用逆查与顺查、抽查与详查相结合的方法进行。对审计中发现的主要问题，进行必要的延伸、追溯和审计调查。</td></tr>
<tr><td>审计小组</td><td colspan="2">负责人：方　园
成　员：李大亮　李　军　岳建国　刘志力</td></tr>
<tr><td colspan="3">人员分工：
方园负责组织、主持有关审计会议，起草审计报告，并指导其他成员的审计工作；李大亮、李军和岳建国、刘志力分两组，分别对不同的证券部、营业部、公司本部的会计资料进行审查，必要时进行并参加财产清查，调查有关问题，形成各自的审计工作底稿。</td></tr>
<tr><td rowspan="2">审　　批</td><td colspan="2">审计署驻中原市特派员办事处</td></tr>
<tr><td colspan="2">负责人：王建章</td></tr>
</table>

审计小组负责人：方　园　　　　编制人：李　军

1. 发出审计通知书

审计通知书

金审令字（2011）5号

中原市信托投资公司：

兹根据审计工作计划安排，特指派审计人员方园、李大亮等5人于2011年3月5日至3月20日，对你单位及下属营业部及办事处，证券部及下属公司、办事处2010年度的财务收支进行审计，请予以积极配合，做好有关准备工作，并提供必需的工作条件。

审计人员名单：

组长：方　园

成员：李大亮　李　军　岳建国　刘志力

特此通知

审计署驻中原市特派员办事处（公章）

2011年3月2日

2. 审计实施

（1）了解被审计单位基本情况，如表3－3所示。

表 3-3　　被审计单位基本情况表

<table>
<tr><td>被审计单位名称</td><td>中原市信托投资公司</td><td>经济成分</td><td colspan="2">国有企业</td></tr>
<tr><td>隶属关系</td><td>中国人民建设银行中原市支行</td><td colspan="2">主要负责人</td><td>王启东</td></tr>
<tr><td colspan="5">机构设置情况：
被审计单位包括中原市信托投资公司本部及其营业部，西里办事处、东城办事处、洪州办事处、新安办事处、证券部（下有新成、沙州、上街三个办事处）及下属子公司（租赁、经济开发、咨询三个）共 12 家。</td></tr>
<tr><td colspan="5">资产负债情况：
详见 2010 年 12 月 31 日资产负债表（表略）。</td></tr>
<tr><td colspan="5">主要经营指标：
详见 2010 年年度利润表（表略）。</td></tr>
</table>

编制人：李大亮

（2）审计取证与编制工作底稿。

审计工作底稿

2011 年 3 月 9 日　　稿字第 1 号

不良资产比例过大：

2010 年末，该公司人民币总资产为 200 650 万元，经审计人员审计调整后的自营盈利性资产为 115 862 万元，其中不良资产为 56 193.07 万元，占盈利性资产的 48.5%。

1. 信托贷款

2010 年末该公司经调整后的贷款金额为 47 503 万元，占盈利性资产的 41%。依据财政部关于金融企业信贷制度的有关规定划分，在公司信托贷款中，正常贷款 4 513 万元，占信托贷款总额的 9.5%；逾期贷款 38 095 万元，催收贷款 2 000 万元，呆账贷款 2 895 万元，三项不良贷款共计 42 990 万元，占信托贷款总额的 90.5%。

2. 租赁资产

2010 年末，该公司租赁资产余额为 9 269 万元，占盈利性资产总额的 8%。其质量状态是：租赁资产期全部超过合同期限，最长的超期 9 年，最短的超期 1 年。其中：有 8 笔合计金额 3 013 万元资产，从办理租赁至 2010 年末从未收到租金；有 5 笔合计金额 5 205 万元资产，该公司已起诉承租人，目前正在调解过程中；有 2 笔金额 1 050 万元，承租企业已破产，形成事实上的呆账。所以，事实上，该投资公司的租赁资产均为不良资产。

3. 长期投资

2010 年末，该公司长期投资余额 11 586 万元，占盈利性资产的 10%。其中股本投资 6 951.6 万元，2010 年收益 498 万元，投资收益率为 4.3%。经检查，投资 3 年以上（含 3 年）没有履行投资协议的项目有 7 个，投资额 4 055 万元，占长期投资年末余额的 35%。

审计人员：李大亮　李　军

审计工作底稿

2011 年 3 月 13 日　　稿字第 2 号

超期拆出资金：

2010 年 4 月 30 日该公司银行部拆给某证券公司 500 万元，合同期限为 2010 年 4 月 30

日至2010年7月30日3个月，合同期满后又续签合同，期限为2010年7月31日至2010年10月31日，至今尚未收回。

2009年10月15日该公司资金部拆借给新州市建行700万元，合同期限为2009年10月15日至2010年1月15日，其后又连续两次续拆，至今尚未收回。

银行部和资金部的上列问题违反了《中国人民银行关于转发信贷资金管理暂行办法的通知》（银发（1994年）37号）的有关规定。

审计人员：李　军

审计工作底稿

2011年3月14日　　稿字第3号

发放假委托贷款：

2008～2010年该公司银行部将9 000万元信托存款中的委托存款，全额用于发放贷款。其中贷给本市某房地产开发公司5 000万元已形成呆账，该房地产公司已事实破产。

审计人员：岳建国

审计工作底稿

2011年3月17日　　稿字第4号

超范围吸收存款：

2009年该公司计财部吸收国家机关、军队存款8 408万元，占信托存款总额的18%；吸收金额小于100万元的单位小额存款28笔，金额997万元，占信托存款总额的1.3%。违反了《金融信托投资机构管理暂行规定》（银发［1986］97号文）第十五条规定的吸收存款范围和《金融信托投资机构资产负债比例管理暂行办法》（银发［1994］143号文）第三条“金融信托投资机构可以吸收企事业单位金额在100万元以上，期限在半年（含半年）以上的存款”的规定。

审计人员：刘志力

审计工作底稿

2011年3月17日　　稿字第5号

高息吸存：

该公司资金部以咨询费名义在“其他营业费支出”中列支高息吸存利息支出138万元，违反了《中国人民银行关于禁止高息吸存和变相提高存、贷款利率的十项规定》。

审计人员：李大亮

审计工作底稿

2011年3月17日　　稿字第6号

信托存、贷款方式：

2010年末，该公司人民币委托存款余额94 205万元，委托贷款余额74 756万元，其中不符合银发［1993］49号文件规定委托存款不指定用途的16 015万元，委托贷款不承担风险的13 082.3万元，分别占委托存款余额和委托贷款余额的17%和17.5%。

审计人员：李大亮

审计工作底稿

2011年3月18日 稿字第7号

资产负债比例均超过规定标准：

1. 自营存款（含租赁）比例。2010年末，该公司自营贷款余额和租赁之和56 772.42万元，信托存款余额46 711万元。两者存贷比例为121.54%，超过规定比例（75%）46.54个百分点，金额21 739.5万元。

2. 长期投资比例。该公司长期投资11 586万元，资本总额211 038.25万元，两者之比为54.9%，超过规定比例（30%）24.9个百分点，金额52 548万元。

审计人员：方园

3. 审计报告（审计报告征求意见书略）

审 计 报 告

金审字［2011］06号

审计署驻中原市特派员办事处：

根据上级审计机关工作部署和特办处工作安排，我审计小组于2011年3月5日至3月20日，对中原市信托投资公司及下属各单位2010年度的财务收支、资产、效益等情况进行了审计，现将审计情况汇报如下：

（一）基本情况

中原市信托投资公司是属于中原市建设银行的国有企业，公司机构包括投资公司本部和下属营业部，西里、东城、洪州、新安4个办事处，证券部（新城、沙州、上街三个办事处）及下属3个全资子公司，共12家。2010年末，该公司资产总额为人民币200 650万元，自营盈利性资产为115 862万元。

（二）审计查出的主要问题

经审计发现，该企业在以下几个方面存在较严重问题：

1. 内部控制制度混乱，各职能部门缺乏有效的管理。主要表现在公司各业务部门相对独立地开展各自的信托业务，在存款、贷款、投资和资金拆借业务上，各职能部门既无明确职责范围，又缺乏彼此之间的相互制约。公司对此缺乏统一管理和监督。

2. 不良资产比例过大。如不良贷款占委托贷款总额的90.5%，租赁资产也为不良资产，长期投资收益率低等。

3. 超期限拆出资金。信托投资公司银行部和资金部分别拆出超期限资金500万元和700万元，至今均未收回。

4. 发放假委托贷款9 000万元，其中5 000万元呆滞。

5. 超范围吸收行政机关、军队存款8 408万元，小额存款997万元，不足半年期限存款7 006.7万元。

6. 资金部高息吸存，利息支出138万元列支在“其他营业费支出”中。

7. 资产负债比例不合理。如自营存贷款比例为121.54%，超过规定比例（75%）的46.54个百分点。长期投资与资本总额比例为54.9%，超过规定比例（30%）的24.9个百分点。

（三）处理意见

1. 超期限拆出资金、发放假委托贷款、高息吸存、超范围吸收存款等问题，根据《中华人民共和国审计法》第四十五条的规定，建议分别移送中国人民银行有关部门，依据金融法规处理处罚。

2. 完善企业内部控制制度，建立一个能够有机制约各职能部门违纪违规行为的管理体制，加强对各职能部门的统一管理。

3. 采取有效措施，限期于2011年12月底之前调整资产、负债不良比例，严格控制在国家规定的比例之内。

附件：审计结论和决定及通知、审计公函（略）各一份。

金融审计小组

2011年3月18日

4. 下达审计结论和决定

审计署驻中原市特办处
审计结论和处理决定

审决字（2011）第06号

中原市信托投资公司：

根据上级审计机关工作部署和本单位审计计划安排，我特办处组成的审计小组于2011年3月5日至3月20日，对你公司2010年度财务收支、资产、效益状况进行了审计，审查出的问题已得到你公司认定。审计小组提交的审计报告业经我办事处审理，现作如下处理决定：

1. 对超期拆出资金、发放假委托贷款、高息吸存、超范围存款等问题，移交中国人民银行有关部门处理。

2. 限于2011年底前调整资产、负债不良比例，使之严格控制在国家规定的各种比例之内。

对以上决定如有异议，在执行决定的同时，可在15日内向上一级审计机关申请复审。

审计署驻中原市特派员办事处（公章）

2011年3月24日

案例二　内部审计机构工作程序案例

（一）审计工作方案

以新州纺织机械制造公司为例，如表3-4所示。

表 3-4

审计工作方案

（2011）新纺审字第 11 号

<table>
<tr><td>被审计单位</td><td>新州纺织机械制造公司</td><td>审计方式</td><td>就地审计</td></tr>
<tr><td colspan="4">编制依据：
根据本公司 2011 年度审计工作计划和总公司经理的安排，特编制本方案。</td></tr>
<tr><td colspan="4">审计目的：
通过对本企业 2006 年度的经济效益进行审计，旨在确定本企业经济效益的现有水平，并与同行业先进水平比较，评价本企业的经济效益高低；分析存在的差距、影响经济效益的原因，并进一步寻求提高经济效益的途径，促进企业改善经营管理，提高经济效益。</td></tr>
<tr><td colspan="4">审计内容和重点：
1. 对资金利润率进行审计。重点审查企业资金的利用情况，找出与同行业之间的差距，发掘本企业的效益潜力。
2. 对成本利润率进行审计。重点审查成本消耗情况，寻找降低产品成本的途径。
3. 对产值、销售利润率进行审计。重点审查产值、销售带来的利润回报。
4. 对固定资产结构和生产设备的利用情况进行审计，分析其对经济效益的影响。</td></tr>
<tr><td>计划工作时间</td><td colspan="3">2011 年 3 月 20 日至 3 月 31 日</td></tr>
<tr><td rowspan="2">审计小组</td><td colspan="2">负责人：刘先河</td><td>职务：审计处处长</td></tr>
<tr><td colspan="3">成员：秦岭　张东山</td></tr>
<tr><td rowspan="2">审　　批</td><td colspan="3">新州市纺织机械制造公司</td></tr>
<tr><td colspan="3">负责人：石成山</td></tr>
<tr><td colspan="4">具体实施步骤：
1. 组织准备工作。2011 年 3 月 20 日发出审计通知书，之后收集有关效益审计的资料。
2. 实施审计。2011 年 3 月 23 日至 3 月 29 日实施效益审计。
3. 编制审计报告。2011 年 3 月 30、31 日，编写审计报告，完成审计工作。</td></tr>
<tr><td colspan="4">审计人员分工：
审计小组由审计处刘先河处长负责，秦岭、张东山参加。
1. 刘先河负责资金利润率审计和其他项目主审。
2. 秦岭负责成本利润率、销售利润率、产值利润率审计。
3. 张东山负责定额流动资金占用情况、固定资产结构和生产设备利用情况审计。</td></tr>
</table>

审计小组负责人：刘先河

编制人：张东山

（二）审计通知书

审计通知书

（2011）新纺审字第 12 号

新纺财务处：

根据总经理指示和内部审计计划安排，兹由审计处刘先河、秦岭、张东山三位同志到你处就 2010 年度经济效益情况进行就地审计，预计审计工作时间从 2011 年 3 月 20 日至 3 月 31 日。请给予积极配合，做好有关资料的准备工作，提供必要的工作条件。

审计组组长：刘先河

审计组成员：秦　岭　张东山

特此通知

（新纺公章）

2011 年 3 月 20 日

（三）审计实施

1. 审查各项经济效益指标的完成情况，如表3－5所示。

表3－5 审计工作底稿

主要经济指标审查表

稿字第1号

经济指标	单位	账面全年累计数	审计调整数
工业总产值	万元	1 365	1 365
商品产值	万元	988	796
产品产量	台	125	125
销售收入	万元	920	718
销售成本	万元	634	540
销售利润	万元	262	160
定额流动资金平均余额	万元	330	410
其中：			
（1）储备资金平均余额	万元	155	155
（2）生产资金平均余额	万元	90	110
（3）成品资金平均余额	万元	85	145
固定资产原值平均余额：			1 638.69
（1）生产用固定资产	万元	1 638.69	938.51
（2）非生产用固定资产	万元	700.18	700.18

2. 对各有关经济指标进行评价，如表3－6、表3－7、表3－8、表3－9、表3－10、表3－11所示。

表3－6 审计工作底稿

2011年3月24日

稿字第2号

审计内容	比较指标		
	本企业上年指标	本企业历史最好水平	同行业先进水平
资金利润率 （160/2 048.69×100%＝7.81%）	10.59%	20.76%	25.59%
分析与评价： 1. 分析 资金利润率完成7.81%，比同行业先进水平低17.78个百分点，比本企业历史最高水平低12.95个百分点，比企业上年水平也略有下降。 2. 评价 资金利润率与同行业先进水平、本企业历史最高水平相比，都有较悬殊的差距，并低于上年水平。说明本企业资金利润率这一效益指标完成得不够好，资金利润回报率较低，因而经济效益就低。应进一步与其他效益指标对比，找出导致经济效益低下更为具体的原因。			

审计人员：刘先河　　主审人员：刘先河

表 3-7

审计工作底稿

2011 年 3 月 24 日

稿字第 3 号

审计内容	对比指标		
	本企业上年水平	本企业历史最好水平	同行业先进水平
产值利润率（160/1 365×100%=11.72%）	15%	20%	23.5%

分析与评价：

1. 分析

产值利润率完成 11.72%，比历史最好水平低 6.8 个百分点，比同行业先进水平低 10.3 个百分点，比本企业去年低 1.8 个百分点。

2. 评价

产值利润率低于各对比指标，说明企业产值利润率低，这可能与产品品种滞销或成本升高有关，应与产品销售和产品成本的有关指标相比较，进一步查找利润率低下的原因。

审计人员：秦岭

主审人员：刘先河

表 3-8

审计工作底稿

2011 年 3 月 27 日

稿字第 4 号

审计内容	对比指标		
	本企业上年水平	本企业历史最好水平	同行业先进水平
成本利润率（160/540×100%=30%）	35%	48%	54%
销售利润率（160/718×100%=22%）	26%	35%	46%

分析与评价：

1. 分析

成本利润率完成 30%，与本企业最高水平、同行业先进水平差距较大，分别相差 18 个百分点和 24 个百分点，而且较上年水平也有明显降低；销售利润率比本企业最高水平低 13 个百分点，比同行业先进水平低 24 个百分点，比本企业上年水平低 4 个百分点。

2. 评价

（1）成本利润率和销售利润率完成得不好，其原因主要在于成本高、售价低。由成本、收入、利润汇总表（见附表）分析可知，三个品种的成本均高于正常水平，尤其是占大比重的成卷机，而售价均较正常情况偏低。抓棉机的销量偏少，也影响企业的利润。

（2）经了解，企业产品成本高、售价降低的原因在于市场销路不佳，企业开工不足，影响了成本和售价。

（3）抓棉机近期质量问题较多，也影响了销售。

审计人员：秦岭

主审人员：刘先河

表3-9　　销售收入、销售成本、销售利润汇总表　　单位：万元

产品名称	数量	比重（%）	销售收入 单位售价	销售收入 总收入	销售收入 比重（%）	销售成本 单位成本	销售成本 总成本	销售成本 比重（%）	税金	销售利润 单位利润	销售利润 总利润	销售利润 比重（%）	销售成本占销售收入比重（%）
成卷机	43	44	10.00	430	60	7.72	332	61	11	2.00	87	54	77.2
混棉机	38	39	5.47	208	29	4.00	152	28	5	1.30	51	32	73.1
抓棉机	16	17	5.00	80	11	3.50	56	11	2	1.38	22	14	70.0
合 计	97	100		718	100		540	100			160	100	

表3-10　　审计工作底稿

2011年3月26日　　稿字第5号

审计内容	对比指标 本企业上年水平	对比指标 本企业历史最好水平	对比指标 同行业先进水平
产值流动资金率（410/1 365×100%=30%）	28%	22%	19%
产值储备资金率（11%）（计算略）	11%	10%	90%
产值生产资金率（8%）（计算略）	8%	6%	5.5%
产值成品资金率（10.6%）	8%	6%	4.5%

分析与评价：

1. 分析

企业的产值流动资金率偏高，尤其是比本企业历史最好水平和同行业先进水平分别多占用8个百分点和11个百分点。储备、生产、成品资金率也都相应提高，尤其是成品资金率，高于历史最好水平4.6个百分点，高于同行业先进水平6.1个百分点。

2. 评价

企业经济效益完成不好，表现在产值流动资金占用率偏高，尤其是成品资金占用较多，说明企业产品存在积压、销售不畅等情况。加之储备资金占用也偏多，造成了整个定额流动资金占用偏高，资金周转速度受影响，也必然影响了资金的利用效果。

审计人员：张东山　　主审人员：刘先河

表3－11

审计工作底稿

2011年3月28日　　稿字第6号

审计内容	对比指标		
	本企业上年水平	本企业历史最好水平	同行业先进水平
产值固定资金率（1 638.69/1 365×100%＝120%）	110%	65%	56%
生产用固定资产占固定资产比重（938.51/1 638.69×100%＝57%）	66%	81%	89%
分析与评价： 1. 分析 从上列计算对比明显可见，本企业百元产值固定资产的占用率已高达120%，高出同行业先进水平一倍以上，高出本企业最好水平也近一倍。生产用固定资产占总固定资产的比重也远远低于同行业先进水平和本企业最好水平。 2. 评价 产值固定资金率高，说明每百元产值的固定资产占用额高，是经济效益差的一种表现，其原因直接表现为固定资产结构不理想，生产用固定资产比重较小，而非生产用比重过大。另外，设备利用率低也是重要原因之一。			

审计人员：张东山　　主审人员：刘先河

（四）审计报告

审 计 报 告

总经理：

根据本公司2011年度审计工作计划和总经理的指示，我们于2011年3月20日至3月31日，对我公司2011年度的经济效益进行了审计。现把审计情况和审计结果汇报如下：

一、审计情况

我审计小组由刘先河、秦岭、张东山一行三人组成，着重对公司上年度经济效益的完成情况进行了审计，在审计过程中，我们查阅了有关的会计资料和其他资料，调整并确定了我公司2011年度的各项经济指标的完成情况。然后对主要经济效益指标进行计算，并与本公司上年情况、历史最好水平、同行业最好水平进行了对比、分析。整体来说，企业经济效益并不理想，与同行业、本企业最好水平均有较大差距。

二、问题及评价

1. 资金占用问题

公司流动资金占用和固定资金占用均偏高。流动资金占用率高达30%，较之同行业先进水平高11个百分点，较之本企业最好水平高8个百分点，较之2010年本企业最好水平也高2个百分点。这主要是因为近年来纺织机械行业大多不景气，一方面使企业生产能力减弱，另一方面使企业原材料大量积压，成品也大量积压，造成了较大的储备资金和成品资金占用，影响资金周转。

固定资金占用率比同行业先进水平高出1倍以上，比本企业历史最低占用也高出近1倍，而生产用固定资产却只占总固定资产的57%，这种明显不合理的固定资产结构也严重影响了公司的经济效益。

事实上，由于流动资金和固定资金二者的占有率偏高，资金内部结构也不合理，使平均2 048.69万元的总资产中，只有1 048.51万元真正用于企业生产，仅占51%，大量资金积压形成闲置，为企业经营资金周转带来了沉重负担。

2. 产品成本问题

公司2011年产品成本一直呈上升趋势，主要原因是由开工不足及由此带来的固定费用、生产管理成本的相对上升造成的。

3. 产品品种、结构、质量及销售问题

公司2011年产品销售量和销售率均不理想，其主要原因有两方面，一是纺织行业的政策影响，二是产量品种结构和质量也存在一定问题。2011年销售出去的抓棉机20台，但因质量问题较大，4台退货。成卷机、混棉机也有不同程度的返修。纺织行业政策性生产压缩及本企业产品质量的问题，导致了销售利润和利润率的降低。

三、意见和建议

1. 搞好市场调查和市场预测，进行技术改造、提高产品质量，生产适合行业需要的高质量、高科技产品。

2. 调整资金结构，盘活存量资本。如积极开拓新市场，推销库存产品，对闲置各类固定资产采用多种形式充分利用。特别是运用搞活销售、处理积压和搞活大中型企业等方面的政策规定，疏通销售渠道，充实销售力量，尽量减少产品和固定资产的占用。

3. 加强企业管理，向管理要效益。如严格制订或调整各项经济标准，建立完善而又切实可行的定额、成本、人员、设备管理体制。尤其是加强财务管理和成本管理，防止效益在资产流失中降低。

新州纺织机械制造公司审计处（公章）

2011年3月29日

案例三　民间审计组织审计工作程序案例

（一）签订审计业务约定书

审计业务约定书

No. 05

甲方：×省兴达实业股份有限公司

乙方：×省公信会计师事务所

兹由甲方委托乙方进行审计，经双方协商，达成以下约定：

一、审计范围及委托目的

（一）乙方接受委托，对甲方以下内容进行审计：

内　容	“√”表示委托与受理内容
1. 2010年度会计报表	√
2. 2010年　月　日会计报表	
3. 2010年专项	
4. ？	

（二）乙方依据《中国注册会计师独立审计准则》和有关法律、法规、制度的规定，对甲方的内部控制制度进行研究和评价，对会计记录进行必要的抽查，以及乙方认为必要的其他审计程序，并在此基础上向甲方出具审计报告。

二、甲方的责任与义务

（一）责任

建立健全内部控制制度，保护资产的安全和完整，保证会计资料的真实、合法、完整。

（二）义务

1. 及时为乙方提供所需要的会计资料及相关文件，并对其真实性、合法性、完整性负责。乙方的审计责任不能替代、减轻或免除甲方的会计责任。

2. 为乙方派出的审计人员提供必要的工作条件，进行积极配合。

3. 按本约定之规定，及时足额支付审计费用。

三、乙方的责任和义务

（一）责任

按照《中国注册会计师独立审计准则》的要求进行审计，发表审计意见，出具审计报告，并对其内容的真实性、合法性负责。

（二）义务

1. 按照约定时间完成审计业务，出具审计报告。

2. 乙方对在审计过程中知悉的商业秘密严格保密。

3. 乙方2011年3月15日之前出具审计报告。

四、审计收费

按照省财政厅和省物价局有关的规定标准，并经双方商定同意，本项审计业务审计费预计为人民币2 000元，其中30%即600元在本约定书签订后三日内，由甲方预付给乙方，其余70%即1 400元在提交审计报告时一次付清。

五、审计报告的使用责任

乙方向甲方出具审计报告一式6份，此审计报告由甲方分发使用，使用不当的责任与乙方无关。

六、约定书的有效时间

如因审计工作遇到甲方责任的重大问题，致使乙方实际花费工作时间有较大幅度增加，甲方在确定实情后，双方协商酌情调整审计费用。

约定书一式两份，甲、乙双方各执一份。

本约定书自2011年3月1日起生效，并在约定事项全部完成日之前有效。

七、约定事项的变更

由于出现不可预见的情况，影响审计工作如期完成，或需提前出具报告，甲乙双方可要求变更约定事项，但应及时通知对方，并由双方协商解决。

八、其他事项

如双方发生争议或发生违约事项，双方应协商解决。如果协商不成，则应由法院解决。

甲方：兴达实业股份有限公司（公章）	乙方：××省公信会计师事务所（公章）
代表：李刚	代表：王国华
联系电话：3456789	联系电话：9876543
地址：新州市健康路15号	开户银行：×省工商行东大街支行
	账户：18—866991—16868
2011年3月1日	2011年3月1日

（二）审计计划

1. 了解客户基本情况。

表3－12所示的客户基本情况，图3－1为客户的内部主要组织机构。

表3－12 **客户基本情况表**

客户名称：×省兴达实业股份有限公司
法人代表：李刚
地址与电话：×省新州市健康路15号　3456789
企业性质：股份公司
生产经营范围：主营：兴达空调、电视机
　　　　　　　兼营：电器修理
投资总额：人民币5 500万元
投资名称及出资比例、出资额：
　　　　　　　　　　兴达公司：80%
　　　　　　　　　　内部职工：20%

公司内部主要组织机构如图3－1：

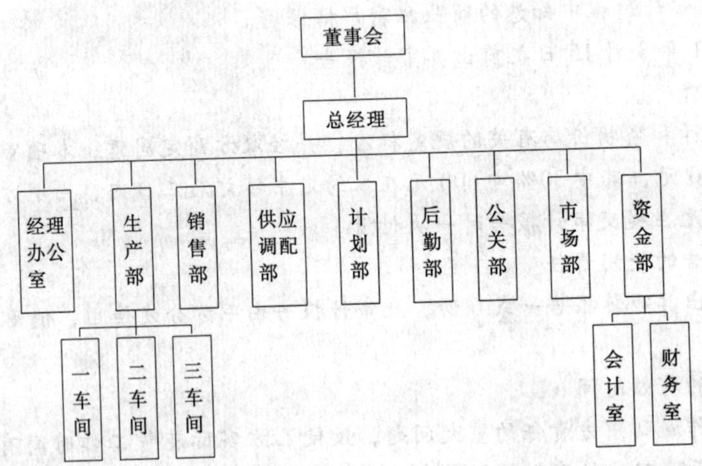

图3－1

2. 编制时间安排表，见表3－13。

表3－13 **时间安排表**

审计项目 \ 耗用时间	计划耗用	实际耗用			
		总时数	王国华	张宏强	李力
货币资金	16	16	（略）	（略）	（略）
应收账款	16	28			
存货	16	36			
固定资产	16	16			
应付账款	16	20			
收入	24	24			
成本费用	40	44			
权益利润	16	12			
其他	20				
合计					

3. 初步评价重要性并考虑审计风险。

4. 编制审计程序表（以应收账款为代表）。

应收账款审计程序表

单位名称：兴达实业股份有限公司　　查验人员：李力　　日期：2011. 3. 3

截止日：2011. 12. 31　　复核人员：张宏强　　日期：2011. 3. 3

一、审计目标

确定应收账款是否存在，增减变动的记录是否完整，是否可以收回，坏账准备的计提是否恰当，年末余额是否正确，在会计报表上披露是否恰当。

⋮

（三）审计程序

审计程序如表3－14所示。

表3－14

审 计 程 序	执行情况说明	索引号	执行人
1. 核对应收账款明细账与总账的余额是否相符。	账账相符		李力
2. 获取或编制应收账款明细表，复核其加计数是否正确。	加计正确		李力
3. 分析应收账款的账龄及余额构成，选取账龄长、余额大的应收账款向债务人进行函证，未复函可再次发函，如不复函采用替代审计程序进行检查，根据替代检查结果判断债权的真实性与可收回性。	函证结果与记录相符		李力
4. 对未发询证函的应收账款，应抽查有关原始凭证。	抽查无误		李力
5. 检查坏账损失的会计处理是否经授权批准。	经批准		李力
6. 抽查有无不属同城结算业务的债权。如有，应做出记录或适当调整。	已调整		李力
7. 对于用非记账本位币结算的应收账款，检查其采用的汇率及折算方法是否正确。	无此项业务		
8. 分析明细账余额，对于出现贷方余额的项目，应查明原因，必要时作重分类调整。	进行了正确调整		李力
9. 验明应收账款是否已在资产负债表上恰当披露。	调整后披露恰当		李力

（四）审计实施（仅以应收账款审计实施为代表）

1. 编制应收账款内部控制调查表（符合性测试），如表3－15所示。

表3－15　　应收账款内部控制调查表

<table>
<tr><td rowspan="2">客户名称：
光达实业股份有限公司</td><td>编制人</td><td>李　力</td><td>日期</td><td colspan="3">2010. 3. 1</td></tr>
<tr><td>复核人</td><td>张宏强</td><td>日期</td><td colspan="3">2010. 3. 1</td></tr>
<tr><td>审计项目：
应收账款内部控制</td><td>索引号</td><td colspan="5"></td></tr>
<tr><td rowspan="2">内控问题</td><td rowspan="2">是</td><td colspan="2">否</td><td rowspan="2">不适用</td><td rowspan="2">取得方式</td><td rowspan="2">说明</td></tr>
<tr><td>否</td><td>一般</td></tr>
<tr><td>1. 是否建立了赊销制度</td><td>√</td><td></td><td></td><td></td><td>（略）（下同）</td><td></td></tr>
<tr><td>2. 是否建立了职责明确的产品发运制度</td><td>√</td><td></td><td></td><td></td><td></td><td></td></tr>
</table>

续表

内控问题	是	否		不适用	取得方式	说明
		否	一般			
3. 是否建立了收款与惩处制度	√				（略）（下同）	
4. 是否建立了坏账准备金制度	√				（略）（下同）	
5. 是否定期编制账龄分析表	√				（略）（下同）	
6. 是否定期与客户核对应收账款对账单	√				（略）（下同）	
7. 是否建立了严格的会计处理制度	√				（略）（下同）	

结论：内部控制健全，可以减少实质性测试范围。

2. 实质性测试。

（1）对应收账款进行分析及函证，如表3－16所示。

表3－16 应收账款账龄分析表 单位：RMB元

客户名称	期末余额	账龄				
		30天	31至180天	半年至1年	2至3年	3年以上
A公司	50 000					
B公司	176 300	√				
C公司	1 100 000		√			
D公司	1 000 000			√		
E公司	850 000				√	
F公司	2 734 000					√

编表：李力

询 证 函

（以E公司为例向各主要债务单位发函证信）

编号：01

致：E公司

本公司聘请的公信会计师事务所正在对本公司会计报表进行审计，按照《中国注册会计师独立审计准则》的要求，应当询证本公司与贵公司的往来账项。下列数额出自本公司账簿记录，如与贵公司记录相符，请在本函下端“数额证明无误”处签章证明；如有不符，请在“数据不符及需加说明事项”处详为指正。回函请直接寄至公信会计师事务所。

地址：新州市东大街66号　　邮编：445566　　电话：9876543

传真：9876543

（本函仅为复核账目之用，并非催款结算）

截止日期	贵公司欠	欠贵公司	备注
2010/12/23	850 000		

若款项在上述日期之后已经付清，仍请及时函复为盼。

兴达实业股份有限公司（公司印鉴）

2011年3月3日

数据证明无误

签章：E公司　　　　　　日期：2011年3月5日

数据不符需加说明事项

签章：　　　　　　　　日期：

（2）函证结果汇总。如表3－17所示。

表3－17

函证编号	债务人名称	债务人地址	函证日期		账面金额	函证结果	差异金额及说明	审定金额
			第一次	第二次				
01	C	略	2011/3/3		1 100 000	相同		
02	D	略	2011/3/3		1 000 000	相同		
03	E	略	2011/3/3		850 000	相同		
04	F	略	2011/3/3		2 734 000	相同		

（五）审计报告

审计报告

兴达实业股份有限公司董事会：

我们审计了后附的兴达实业股份有限公司财务报表，包括2010年12月31日的资产负债表，2010年度的利润表、股东权益变动表和现金流量表以及财务报表附注。

一、管理层对财务报表的责任

按照企业会计准则和《××会计制度》的规定编制财务报表是兴达实业股份有限公司管理层的责任。这种责任包括：（1）设计、实施和维护与财务报表编制相关的内部控制，以使财务报表不存在由于舞弊或错误而导致的重大错报；（2）选择和运用恰当的会计政策；（3）作出合理的会计估计。

二、注册会计师的责任

我们的责任是在实施审计工作的基础上对财务报表发表审计意见。我们按照中国注册会计师审计准则的规定执行了审计工作。中国注册会计师审计准则要求我们遵守职业道德规范，计划和实施审计工作以对财务报表是否不存在重大错报获取合理保证。

审计工作涉及实施审计程序，以获取有关财务报表金额和披露的审计证据。选择的审计程序取决于注册会计师的判断，包括对由于舞弊或错误导致的财务报表重大错报风险的评估。在进行风险评估时，我们考虑与财务报表编制相关的内部控制，以设计恰当的审计程序，但目的并非对内部控制的有效性发表意见。审计工作还包括评价管理层选用会计政策的恰当性和作出会计估计的合理性，以及评价财务报表的总体列报。

我们相信，我们获取的审计证据是充分、适当的，为发表审计意见提供了基础。

三、审计意见

我们认为，兴达实业股份有限公司财务报表已经按照企业会计准则和《××会计制度》的规定编制，在所有重大方面公允反映了兴达实业股份有限公司2010年12月31日的财务状况以及2010年度的经营成果和现金流量。

××会计师事务所　　　　　　　　　　中国注册会计师：王国华
（盖章）　　　　　　　　　　　　　（签名并盖章）
　　　　　　　　　　　　　　　　　中国注册会计师：李力
　　　　　　　　　　　　　　　　　（签名并盖章）
中国××市　　　　　　　　　　　　　二〇一一年三月十日

（六）重要事项控制表

1. 公信会计师事务所约定事项控制表，如表3－18所示。

表3－18

客户名称：H省光达实业股份有限公司			
地　址	新州市健康路15号	委托目的	年度会计报表审计
联系人	王莉莉	约定书编号	0056
电话	3456789	审计时间	2010年度
审计开始日	2011/3/1	预计收费	2 000元
预计完成日	2011/3/10	实际收费	2 000元
实际完成日	2011/3/10	报告书份数	6

2. 重要事项完成核对表，如表3－19所示。

表3－19

事　项			完成	未完成	备注
1. 审计计划			√		
2. 内部控制制度问卷			√		
3. 实物盘点			√		
4. 复核审计工作底稿			√		
5. 上年审计结转事项处理			√		
6. 被审计单位声明书			√		
7. 期后事项财务影响			√		
8. 或有损失财务影响			√		
9. 重要董事会记录			√		
10. 审计总结			√		
主任会计师	王国华	部门经理	王雄	项目经理	张宏强

二、内部控制制度审计案例

案例一 有章不循 开支失控

1. 审计线索

W 公司是某会计师事务所的常年客户，注册会计师沈正接受指派于 2007 年末对该公司 2010 年的会计报表进行审计。他首先对相关内部控制制度进行了符合性测试，并根据上年度审计情况，重点对费用开支方面的内控制度进行审计。公司制度规定，1 000 元以下的费用开支，由副经理审批，1 000 元以上的由经理审批，招待费均须经理审批。由于该公司 2010 年费用开支方面的业务较多，总体金额也较大，沈正采用抽样方法，对费用明细账，按时间顺序，随机抽查了 100 笔开支业务，并与相应的报销发票核对。抽查的结果是：有近 30% 的费用报销发票在领导批准签字的手续上没有执行正副经理的权限规定，尤其是招待费开支，没有将审批权限集中于经理一人身上。总体看，费用开支的内部控制制度执行较差，可能导致费用开支失控，控制风险较高。于是，沈正决定进一步对管理费用进行较全面的实质性测试。

2. 线索追踪

通过对该公司 2010 年度的管理费用明细账较详细地审阅，沈正发现公司 2010 年度招待费严重超支，且对招待费的会计处理有误：对 2010 年度超过规定比例的招待费用 237 589 元，会计处理时挂列“其他应收款”账户的借方，导致 2010 年末的资产虚增 237 589 元，年度税前利润虚增 237 589 元。

3. 审计处理

沈正向 W 公司管理当局出具了管理建议书，建议公司领导按照授权制度的规定，严格执行费用开支制度，并进行必要的账项调整。W 公司接受了审计调整建议。

4. 账项调整

对上述发现的问题建议该公司做如下账项调整，并调整会计报表：

（1）借：管理费用	237 589	
贷：其他应收款		237 589
（2）借：本年利润	237 589	
贷：管理费用		237 589
（3）借：所得税费用	78 404	
贷：应交税费——应交所得税		78 404

盈余公积等利润分配调整分录略。

案例二 不相容职务不分离 截留货款归个人

1. 审计线索

某国有制药厂为了促进销售、扩展市场，在药品销售方面制定如下制度：销售人员自己联系销售渠道，自找购药客户，谁销售药品谁负责收款，工资与销售金额挂钩。这项制度的实施，调动了销售人员的积极性，也促进了销售额的增长。

某审计局派出的审计组首先对该制药厂 2010 年度的财务收支进行了审计。审计人员首先对收入及应收账款等重点内部控制制度进行了符合性测试，仔细分析了该厂的促销制度，并注意到了促销制度实行后虽然销售额增加，但应收账款也大幅度增长的情况，认为该厂的促销制度在设计上存在一定的缺陷，销售和收款集中于销售人员一人身上，违背了内部控制制度中不相容职务应当分离的原则，增大了发生重大错弊的可能性。基于此种分析，审计人员把应收账款作为审计重点，并对账龄较长、金额较大的应收账款进行了外调。

2. 线索追踪

在对某医院欠药厂的债务调查时医院会计说已在半年前就将一张转账支票交给了该制药厂销售员冯某，金额58 900元，并出具了支票存根和收据。审计人员随即找到冯某询问，他不得不交代了将支票存于自己在信用社开的一个账户，并用于个人经商的问题。

3. 审计处理

审计人员向审计局汇报了这一重大案情，审计局随即将此案移交司法机关处理。审计结束后，该审计局在向被审计单位出具的审计意见书中对上述内控缺陷向制药厂提出了如下改进建议：

(1) 销售和收款工作应当分离，由不同的人员负责。

(2) 销售人员的工资应与收到的销货款挂钩，而不应与销售金额挂钩。

案例三　制度不完善　不足尚存

1. 审计线索

注册会计师沈正对黄河机械厂2010年度的会计报表进行审计，按照审计计划，沈正和他的助理人员首先对该厂材料采购方面的内部控制制度进行了评审。他们了解到该厂用实际成本进行材料核算，并索取了材料采购流程图，见图3-2。

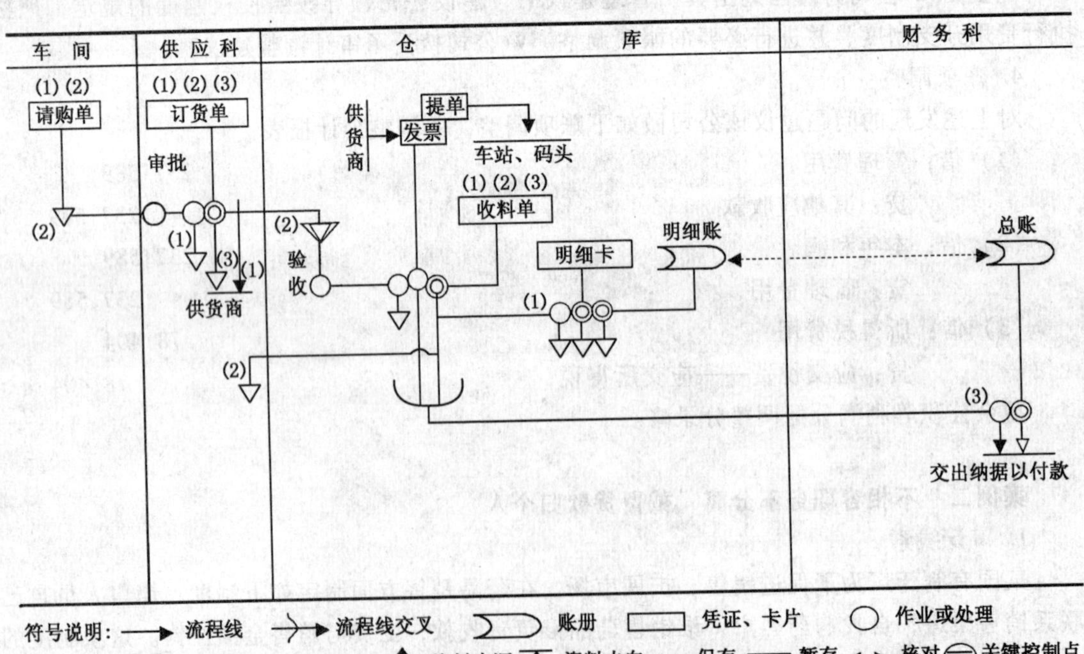

图3-2　黄河机械厂材料采购流程图

2. 审计处理

经过对流程图的分析，以及对材料采购内控制度的实地观察、穿行测试和相关凭证的抽查，沈正认为该厂材料采购的内控制度比较完善，执行比较严格。采购材料必须经过审批，订货手续健全，材料到达时经验收才开具收料单并入库，而后再付款，这些控制措施对于正确、合理地处理采购业务，防止重大错弊的发生会起到积极的保证作用。但该内控制度也存在一些须进一步改进的问题：一是材料入库前的验收工作应由仓库保管员以外的人员执行；二是材料明细账由仓库负责记录不妥，尽管材料总账和明细账要经过核对，应当在仓库设保管明细账，并定期与设在财会部门的明细账核对；三是供应科如能根据收料单的第二联设置采购业务明细账就更好。材料总账、明细账、保管账和业务账四账定期核对，控制功能将更加完善和增强；四是订货单可再增加一联交财务科，以便于财务科运筹资金和据以查核付款。这些改进建议，在评审过程中已向该厂有关管理人员提出并记录于审计工作底稿。

总体讲，沈正认为该厂材料采购方面内控制度的可信赖程度比较高，在实质性测试时可适当缩小审计范围，适当减少审计工作量。

案例四　设计不合理　漏洞难堵塞

1. 审计线索

沈正和他的助理人员测试了黄河机械厂有关其他业务收入的内部控制制度，重点对边角废料的控制情况作了调查，了解到：这几年，该厂的各生产车间实行了承包经营，但各车间隐瞒、截留和私分边角废料收入的现象比较严重。为此，该厂2010年制定了废料收入的内控制度。沈正和助理人员经过实地观察和调查有关人员，将该项内控制度绘成流程图，见图3－3。

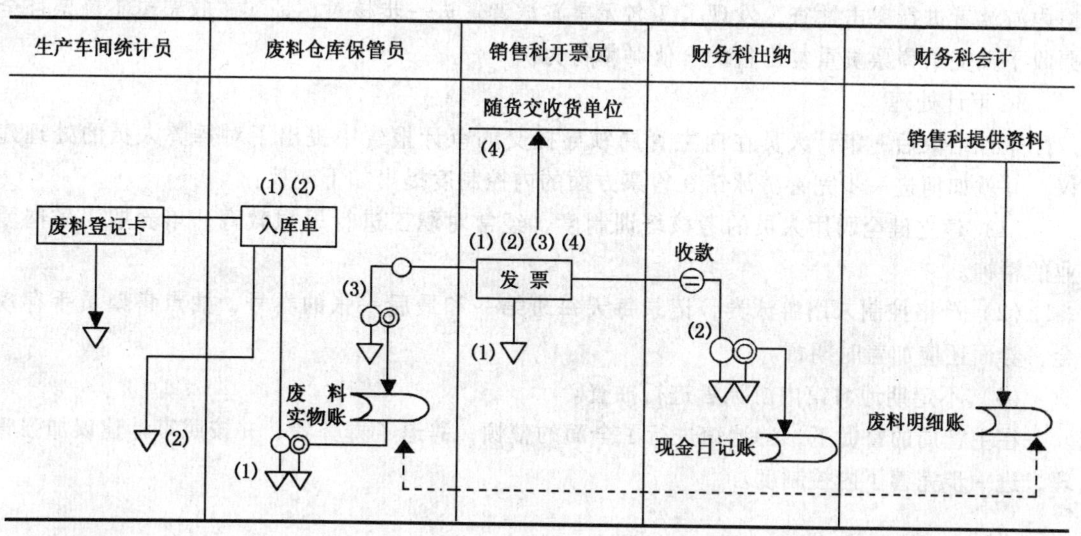

图3－3　废料收入流程图

2. 线索追踪

经过分析，沈正认为，废料收入内控制度把收款作为关键控制点是正确的，但也存在较严重的缺陷，主要是入库单等原始凭证份数不够，致使会计登记的废料明细账缺乏依据，对边角废料不如数交库等漏洞缺乏预防措施。

又进一步对该制度的执行情况进行抽查，将部分生产记录与入库单、仓库实物账与发货票核对，共发现各车间及仓库转移、隐藏边角废料7起，私自销售5起。

3. 审计处理

沈正要求助理人员将所查情况记录于审计工作底稿，向该厂高层管理人员通报了情况，并得出评审结论：该厂对边角废料收支的内控制度设计不合理，执行效果也不好，因而可信赖程度较低，在下一步的实质性测试中应把其作为详细审查的重点。

案例五　合伙舞弊　贪污票款

1. 审计线索

某市一主管局接到群众举报，反映其下属游泳馆管理松散，聘用人员既不进行考核，也无岗前培训，游泳馆的售票员和收票员素质低下且有舞弊行为。于是该局便派审计科的两名审计人员对游泳馆的票款收支情况进行了专项审计。

2. 线索追踪

审计人员首先了解到游泳馆在售票方面有如下内部控制制度：

该游泳馆的售票员坐于通道旁的票房内，向购买游泳票的人收取现款，同时发出印有连续号码的游泳券。游泳者将购得的游泳券交给离票房约五米处的入口处收票员。收票员将游泳票撕下一半，然后将存根退还，请游泳者入内。

审计人员实地观察了售票和收票过程，未发现异常现象；又在该馆其他人员的配合下对馆内游泳者进行突击抽查，发现了7名无票游泳者。进一步核对，证实了收票员不撕票且全票收下又交给售票员重复出售的合伙舞弊行为。

3. 审计处理

审计结束后，审计人员在向主管局领导提交的审计报告中提出了对舞弊人员的处理建议，并就如何进一步完善游泳馆在售票方面的内控制度提出如下建议：

（1）建立健全聘用人员的考核培训制度，经常对职工进行思想教育，培养职工敬岗爱业的精神。

（2）严格控制未用游泳券，记录每天每班第一和最后一张的券号，抽点售票员手存现金，券面还应加盖时期章。

（3）不定期地对馆内游泳者进行抽查。

在主管局的督促下，游泳馆进行了全面的整顿，辞退了舞弊者，并按照审计建议加强管理，进一步完善了内控制度。

案例六　捐赠款物管理缺乏控制

1. 审计线索

某大公司工会开展了向一名重危病且特困职工献爱心活动，所属单位全体职工纷纷捐款捐物，数日内工会就收到10余万元的现金和物品。工会特意指定一贯认真、踏实的一位职工负责所捐款物的接收和支出工作。在此过程中，公司内部有人反映捐赠钱物收支不清。公司领导十分重视，指派公司审计部两名审计人员对捐赠款物进行清查。

2. 线索追踪

审计人员首先调查了接受款物的有关控制情况及过程，了解到：负责捐赠款物和支出的职工接受捐赠款物时，按照捐赠清单点清现金或实物，然后将现金存入储蓄所，物品予以保管，再经有关领导批准将款物分批送到重危病职工的家中，相关收支情况该职工记录在笔记本上。在调查了解的基础上，审计人员着重做了如下一些工作：一是将所有的捐赠清单与储蓄存折和保管的物品相核对，核实收入；二是向重危病职工家属核对支出情况；三是撤销储蓄户，将捐赠现金及相关利息全部移交财务部，由财务部在银行专户保管；四是帮助建立了收支明细账目。审计中没有发现重大问题。

3. 审计处理

审计人员向公司领导提出了以下建议：

（1）接受款物应有2人，一人根据捐赠清单查收，一人向捐款者开出收据。

（2）收到的现金与捐赠清单和收据核对无误后，及时移交财务部门，再由财务部门派人送存开户银行；收到的物品经过上述核对后，移交仓库保管。

（3）捐赠款物的收支应由财务部门统一核算，财务部应在“其他应付款”账户设明细账专门反映捐赠款物的收支情况。

（4）捐赠活动全部结束后再进行专项审计，然后向全体职工张榜公布款物的收入和支出情况。

三、流动资产审计案例

（一）货币资金审计案例

案例一 收入不入账 私设小金库

1. 审计线索

审计人员于2010年11月12日在对宏远公司实施财务收支审计时，发现该公司内部控制制度不严，现金管理比较混乱，继而对现金管理进行了专项审计。

2. 线索追踪

审计人员按照工作布署来到财务科，首先清查核对了保险柜的现金，出乎意料，发现保险柜中有一个私人活期存折，存款余额为47 305.12元，存折上显示已支出三笔。出纳员自述是单位某职工因家里房子装修，存款放在家里不安全，因此放在财务科的保险柜里。对此，审计人员产生了怀疑，继而对现金日记账和有关的收付款凭证进行了认真的审阅查对，从中发现了疑点。在账簿中显示，该公司5月份以前，每月都记录有公司车队提供运输劳务的收入，每月少则也有1万多元，而近半年来，账簿上没有显示这类收入。审计人员分析，其中可能有问题，决定进一步追踪调查。审计人员来到车队，调查询问了车队的有关人员，调查结果是该车队的运输业务一直正常进行，从未间断。审计人员再次回到财务科，询问了财务科的会计与出纳员，在审计人员面前，他们供认公司领导授意将公司车队的运输收入以私人名义存入银行，单独保管，作为企业的“小金库”，用于职工福利、奖金、企业往来招待及其他不符合规定的支出。存款所显示三笔支出的去向是：给职工发放奖金8 019.30元；公司领导到外地出差买礼品支出6 752.16元，报销餐费8 074.20元。

3. 审计处理

该企业截留收入，私设“小金库”的做法是严重违犯财经法纪的行为，对违犯规定的责任人应追究其责任，对活期存折上的余额立即取出存入公司银行账户，已支出的部分限期全部退回。

4. 账项调整

（1）取出活期存款存入企业账户时：

借：银行存款　　47 305.12

　　贷：其他业务收入　　47 305.12

（2）已支出部分在没有退回前：

借：其他应收款　　22 845.66

　　贷：其他业务收入　　22 845.66

并做补交税款的账务处理。

案例二　私改发票金额　贪污现金

1. 审计线索

审计人员在进驻兴亚公司审计时，多次收到该单位职工的举报，说该单位出纳有贪污问题。审计小组决定对出纳经管的工作进行重点审查。

2. 线索追踪

审计人员首先对出纳经管的“现金日记账”余额与库存现金进行重点核对，未发现不正常情况；又对“现金日记账”进行审阅，也未发现异常；接着又对有关凭证进行审查，结果发现有一张购买办公用品的发票，金额为3 407元，有更改的痕迹。审计人员向采购办公用品的经办人询问，经办人回忆说没有买过金额如此大的办公用品，审计人员又向销售方进行核对，发现对方入账发票的金额为407元，而不是3 407元。审计人员以此为突破口，向出纳员经管的所有单据进行逐一核对，又发现几张可疑单据，经与有关单位或个人保管的单据进行核对，核对结果都是该单位入账金额大于对方所持单据金额。根据审查情况，审计人员判断出纳员利用涂改发票的方法，使发票入账联金额大于实际付款金额，从而达到贪污现金的目的。根据掌握的证据，审计人员找出纳员谈话，出纳员在事实面前承认了他利用涂改发票的手段贪污现金的行为。审计人员通过对出纳所经管的所有资料的清查核对，并调查了有关的单位和个人，最后查明，出纳员在任职期间运用涂改发票的方法，贪污公款67 890元，供其本人及家人挥霍。

3. 审计处理

由于出纳员贪污现金金额较大，已构成犯罪，该单位已将其移交司法部门处理，对其贪污的现金应立即全部追回。

4. 账项调整

由于出纳员贪污的现金大多是报销的管理费用，故追回现金时，应作如下处理：

借：银行存款（或库存现金）　　67 890

　　贷：管理费用　　67 890

案例三　为收取好处费　出租账户

1. 审计线索

审计人员在审查某单位“银行存款日记账”时，在账中发现有一笔存款记录，摘要为“暂存款”，存入金额50 000元。相隔两天，在“银行存款日记账”中有一笔50 000元付出的记录，摘要为“提取差旅费”，这一存一取引起了审计人员的注意。

2. 线索追踪

审计人员调出“暂存款”增加的记账凭证，其会计分录为：

借：银行存款　　50 000

　　贷：其他应付款　　50 000

所附原始凭证就是一张银行存款进账单。再调出支付差旅费的记账凭证，其会计分录为：

借：其他应付款　　50 000

　　贷：银行存款　　50 000

所附原始凭证是私人开出的白条收据。审计人员针对这一情况，分别对被审计单位的会计、出纳进行查询。在事实面前，他们说出了将单位账户借给某人做生意，每人得到1 000元好处费的真相。

3. 审计处理

该单位会计、出纳利用工作之便，出租账户，收取好处费的行为违反了财经法规，按照国务院发布的《关于违反财政法规处罚暂行规定》，没收其非法所得，并按有关规定，给予会计出纳等有关人员行政处罚。

4. 账项调整

没收其非法所得时：

借：库存现金　　2 000

　　贷：营业外收入　　2 000

案例四　虚存现金　贪污公款

1. 审计线索

审计人员在进驻某单位时，发现该单位会计刚上任不久，各项工作不太熟悉，对出纳及财务科的其他工作监督、审核不够，审计人员决定对出纳经管的银行存款进行审查。

2. 线索追踪

审计人员对出纳负责登记的“银行存款日记账”进行审阅，与“银行存款对账单”进行核对，并编制了“银行存款余额调节表”。调整后，“银行存款日记账”余额与“银行存款对账单”余额相符，但有两笔款项不太正常，其中有一笔是企业送存银行5 000元现金，企业已入账20多天，而银行尚未收款入账，所以，对账单上没有反映此笔业务。另一笔是付款业务，企业记录的金额是18 580元，而银行是13 580元，结算凭证都是转支4 751号，而金额不一致。审计人员又调出反映这两笔业务的记账凭证，其中记录送存现金的记账凭证，会计分录为：

借：银行存款　　5 000

　　贷：库存现金　　5 000

所附原始凭证是一张“现金交款单”，但没有银行的“现金收讫”章。

另一张记录企业银行存款付出的记账凭证，其会计分录为：

借：周转材料　　18 580

　　贷：银行存款　　18 580

所附原始凭证是一张购买劳保用品的发票，上面的18 580元有涂改的痕迹，审计人员又向购买劳保用品的经办人询问，经办人回忆说购买劳保用品的款项是13 000多元，而不是18 000多元。审计人员又找出纳谈话，在证据面前，出纳对其贪污现金的行为供认不讳。

3. 审计处理

出纳员利用企业内部控制制度不健全，会计业务不熟悉，采用虚存现金，更改发票的手段贪污现金，违反了财经法规，触犯了刑法，已构成犯罪，应移交司法部门处理，其贪污的赃款应全部没收。

4. 账项调整

收到退回的赃款，存入银行时：

借：银行存款　　5 000

　　贷：周转材料　　5 000

案例五　利用外埠存款搞短期投资

1. 审计线索

审计人员于2010年12月对某公司实施财务收支审计时，发现该公司“其他货币资金——外埠存款”明细账中，本年1月份有一笔50万元的汇款记录，摘要注明为商品采购款，至今已逾期11个月，尚未报销，此记录引起了审计人员的注意，继而进行了深入审查。

2. 线索追踪

审计人员首先调阅了1月份汇款时的有关会计凭证，其记账凭证的会计分录为：

借：其他货币资金——外埠存款　　500 000

　　贷：银行存款　　500 000

所附原始凭证是一张电汇凭证，电汇凭证上的汇款用途为采购款，汇入行为××工商行××分理处，收款人为王晓峰，该人系该公司长驻A地采购员。审计人员要求该公司提供采购账户的对账单。一开始，该公司财务人员以没有收到对账单，后又以对账单在A地采购办事处王晓峰手中为理由拒绝提供。审计人员追踪审查，与××工商行××分理处取得了联系，经核对，发现该公司开立的采购账户余额为79万元，并且已发生多笔收、付款业务。收、付款的往来单位大部分为A地证券公司，其中有两笔付款业务为提取现金，共提取现金8万元。

经审计人员反复核对认为，该公司利用银行为吸收存款对开设账户审计不严的漏洞，以外埠采购户为名，开立了临时账户，该账户实际上是该公司为了买卖有价证券从中取得收益而开设的，并且取得的收益不入账，作为企业的“小金库”。在事实面前，该公司对此供认不讳。账户上显示的两笔提取现金的支出，是给企业职工发放福利钱物。

3. 审计处理

该公司在A地开立的账户违反了中国人民银行关于“银行账户管理办法”的规定，应立即撤销；该账户的存款转回“基本存款账户”；对于投资取得的投资收益应如实在账面上反映，已支出现金发放福利的部分应全部退回。

4. 账项调整

（1）款项转回“基本存款账户”时：

借：银行存款　　790 000

　　贷：其他货币资金——外埠存款　　500 000

　　　　投资收益　　290 000

（2）已支出部分在没有收回之前：

借：其他应收款　　80 000

　　贷：投资收益　　80 000

（3）已支出部分收回后：

借：银行存款　　80 000

　　贷：其他应收款　　80 000

案例六　银行本票余额未按规定处理

1. 审计线索

审计人员于2010年8月在审查C公司“其他货币资金——银行本票存款”明细账时，发现该公司本年4月13日申请签发的银行本票5万元，4月15日本票已付出，账面反映减少本票存款4.7万元，账面余额3 000元，挂账至今已三个多月，仍未收回，这引起审计人员的注意。

2. 线索追踪

审计人员首先调阅了反映申请签发银行本票的4月份8号记账凭证，其会计分录为：

借：其他货币资金——银行本票存款　　50 000

　　贷：银行存款　　50 000

所附原始凭证为银行本票申请书回单。又调出反映银行本票付出的4月份12号记账凭证，其会计分录为：

借：材料采购　　47 000

　　贷：其他货币资金——银行本票存款　　47 000

所附原始凭证为购货发票一张，收款单位为××物资供应公司，审计人员分析，银行本票的提示付款期限自出票日起最长不能超过2个月，此本票已签发3个多月，并且账面上显示此票已经付出，那么结算余款哪里去了？审计人员又审查现金和银行存款日记账，发现在现金日记账中，4月份有一笔暂存款的记录，金额正好与本票结算余额相同为3 000元，审计人员又调阅了4月份反映暂存款增加的15号记账凭证，其会计分录为：

借：库存现金　　3 000

　　贷：应付账款　　3 000

所附原始凭证是一张现金收款收据，摘要为“预收货款”，审计人员询问该单位会计，这时会计才发现收到的3 000元，不是预收货款，而是本票余额退回。

3. 审计处理

被审计单位因疏忽大意，致使银行本票余额退回业务的账务处理出现错误，对此应予以纠正。

4. 账项调整

借：应付账款　　3 000

贷：其他货币资金——银行本票存款　　3 000

（二）短期投资审计案例

案例一　买卖股票为一人　出售股票不入账

1. 审计线索

审计人员在对某单位实施审计时，发现该单位用闲置的资金购买短期股票，在股票的管理上没有内部控制制度，股票的买卖及保管由一人承担，审计人员决定对该单位的“短期投资——股票投资”进行专项审计。

2. 线索追踪

审计人员首先对该单位所持有的股票与“短期投资——股票投资”明细账登记的数额进行核对，结果发现，账簿上反映有一笔购买××股票3 000股，每股10元，而实际持有该种股票只有1 000股，审计人员又进一步调查，调出购买股票的记账凭证，其会计分录为：

借：交易性金融资产——成本　　30 000

　　贷：其他货币资金——存出投资款　　30 000

所附原始凭证是证券公司的收款单据，单据上注明购买股票3 000股，但账簿上没有反映股票卖出的记录。继而，审计人员又询问经办人，在事实面前，经办人供出了其利用企业对股票投资管理不严，将持有两个月的××股票2 000股卖出获得本利30 000元未入账的真相。

3. 审计处理

该单位内部控制制度不完善，股票的买卖与保管由一人承担，这种做法是不符合相关制度规定的，应立即纠正。对于经办人出售股票未入账的款项，应立即收回，并按照国务院发布的《关于违反财政法规处罚的暂行规定》，对其进行必要的处罚。

4. 账项调整

收回出售股票的本、利存入银行时：

借：银行存款　　30 000

　　贷：交易性金融资产——成本　　20 000

　　　　投资收益　　10 000

案例二　虽非舞弊但账务处理违规

1. 审计线索

审计人员对某公司“交易性金融资产”账户进行审查时发现，该单位“交易性金融资产”账务处理比较混乱，账目不清，入账科目不正确，继而作进一步审查。

2. 线索追踪

经审查该企业“交易性金融资产”、“银行存款”、“投资收益”等账户及有关的记账凭证和原始凭证，发现下列问题：

（1）该单位购入新亚股份有限公司股票10 000股，每股面值5元，每股购入价为6元，实际支付金额为65 600元，其中包含已宣告发放，但未领取的股息5 000元，手续费600元。该单位的账务处理为：

借：交易性金融资产——成本　　65 000

　　财务费用　　600

　　贷：银行存款　　65 600

（2）该单位于5月6日付款购债券50 000元，6月9日收到债券，而企业以6月9日作为投资入账时间。

3. 审计处理

该单位对于交易性金融资产的账务处理，没有按照会计制度的要求进行。按照制度规定，买卖股票的手续费应减少投资收益，对购入股票已宣告发放，但未领取的股息，应作为“应收股利”处理。短期投资的入账时间是以实际付款作为投资入账时间。

4. 账项调整

（1）对于购买股票的手续费，应调整：

借：投资收益　　600

　　贷：财务费用　　600

（2）对于已宣告发放，但未领取的股息，应调整：

借：应收股利　　5 000

　　贷：交易性金融资产——成本　　5 000

（3）短期投资的入账时间是以实际付款时间作为入账时间的，该企业以后应予以执行。对以前所做的账务处理，可不再进行账项调整。

案例三　投资收益不入账　影响损益

1. 审计线索

审计人员于2010年12月在对某公司进行审计时，听说该公司近来职工福利搞的不错，油、蛋等食品每月都发，而审计人员在审查该企业财务收支中，没有发现该项支出，审计人员又进一步审查。通过对“交易性金融资产”账户和有关资料的审查，发现该公司向某企业投资4 000 000元，从双方签订的合同上看，被投资单位每月向该公司支付投资收益10 000元，至今已投资半年，账簿上没有反映这笔投资收益。审计人员初步认为，该企业未按合同规定，在收到投资收益时，没有将其记入“投资收益”账户中，而是用投资收益购实物向职工发放。为了进一步证实情况，审计人员决定作详实查证。

2. 线索追踪

审计人员为了取得充分的证据，重新审核了双方签订的合同及有关资料文件，并向有关人员调查，对该公司的“应收、应付、银行存款”等账户及有关凭证也进行了进一步查证，结果查明，被投资单位按双方签订的合同规定，已五次将投资收入50 000元划给了该公司，而该公司在收到款项后，没有将投资收入记入“投资收益”账户，而是记入了“其他应付款”账户，其记账凭证反映的会计分录都为：

借：银行存款　　10 000

　　贷：其他应付款　　10 000

所附原始凭证都是银行的进账单。审计人员又进一步审查了“其他应付款”账户，发现其账户余额只有431.30元，款项已分五次支付，摘要注明“还暂存款”。审计人员又调出“归还暂存款”的记账凭证，其会计分录均为：

借：其他应付款

贷：银行存款

所附原始凭证都是购买油、蛋的发票。五次支付总计金额为49 568.70元。通过审查证明，该公司收到投资收益后，没有将其记入“投资收益”账户，而是记入了“其他应付款”账户，通过“其他应付款”账户向职工发放实物。

3. 审计处理

通过以上查证，确认该公司没有按国家会计制度规定处理投资收益，并且利用收益乱发实物，造成企业收益不实，向国家少交了税款。这样做，严重违反了财政法规。按照国务院发布的《关于违反财政法规处罚的暂行规定》，应对违反财政法规的直接责任人进行处罚，并责令该公司按投资企业划来的投资收入，全额转入“投资收益”账户，所欠税款及时清缴，发放的实物按购货价向职工如数收回。

4. 账项调整

（1）发放的实物按购货价向职工收回时：

借：库存现金　　49 568.70

贷：其他应付款　　49 568.70

（2）将投资收入金额转入“投资收益”账户：

借：其他应付款　　50 000

贷：本年利润　　50 000

（3）计提应交所得税（按25%税率）：

借：所得税费用　　12 500

贷：应交税费——应交所得税　　12 500

并做补提盈余公积的账务处理。

（三）应收及预付款项审计案例

案例一　会计和出纳联手贪污贴现利息

1. 审计线索

审计人员按着市审计局的安排，依照既定的审计工作方案，于2011年1月审查了吉星公司上年度的会计报表。审查中发现，2010年10月20日贴现一张票面金额为50 000元、年利率为8%、90天到期的带息商业汇票。该票据吉兴公司已持有50天，按9%贴现率贴现，该公司账户资料记载所得现款为49 375元，无银行出具的有关凭证，会计分录为：

借：银行存款　　49 375

财务费用　　625

贷：应收票据　　50 000

由于该笔业务没有银行出具的有关凭证，因此，审计人员认为该笔业务不规范，可能有舞弊行为，于是决定作进一步的审查取证。

2. 线索追踪

审计人员首先从应收票据登记簿和应收票据明细账中摘录了必要的原始数据，然后根据会计凭证所附自制原始凭证的制表和签字，面询了出纳和会计。首先进行政策教育，而后是数字计算，最后列示正确的会计分录。在无隙可乘的情况下，会计和出纳交待了事情的经过。原来是会计和出纳合伙将银行的有关凭证销毁，后谎称有关凭证丢失，在蒙骗了有关领导后，自制了原始凭证，而后私分了1 115元的利息收入。因为根据已知的资料，贴现数额应为：

本金：50 000（元）

利息：50 000×8%×90/360=1 000（元）

到期值：50 000+1 000=51 000（元）

贴现息：51 000×9%×40/360=510（元）

贴现净额：51 000－510=50 490（元）

因此，上年度应收票据贴现的正确会计分录为：

借：银行存款　　50 490

　贷：应收票据　　50 000

　　财务费用　　490

3. 审计处理

审计人员根据复算的结果，将正确的会计分录与舞弊的会计分录相比较，确认该公司将贴现净额50 490元，记为49 375元，少记了1 115元（490元+625元）。问题的实质是会计与出纳合伙贪污利息1 115元。由此造成了吉星公司上年度多记财务费用1 115元，相应的也使该公司上年度利润减少1 115元，从而也使该企业少交企业所得税297.75元，少计提盈余公积83.73元，少记未分配利润853.52元。

4. 账项调整

由于吉星公司上年度多记了财务费用1 115元，因此，应进行账项调整。但由于审计的时间是2010年1月，此时上年度的财务费用作为期间费用，已在上年利润总额中扣除，所以，不能调整财务费用账户，只能通过“利润分配——未分配利润”账户进行调整。具体的调整会计分录为：

（1）追回非法所得1 115元：

借：其他应收款——出纳　　1 115

　贷：利润分配——未分配利润　　1 115

（2）计算应补交的所得税367.95元：

借：利润分配——未分配利润　　277.75

　贷：应交税费——应交所得税　　277.75

（3）计算应补提盈余公积112.06元：

借：利润分配——未分配利润　　83.73

　贷：盈余公积——法定盈余公积　　83.73

案例二　收回票据不入账　借故贪污

1. 审计线索

审计人员按照审计工作方案的安排，于2010年10月9日在审查某企业“应收票据备查簿”时发现一张面值为11 700元的商业承兑汇票，其承兑人为本市华夏公司，签发日期为2010年3月1日，期限为6个月。现6个月已满，但实际收款日期和收款金额栏未作任何记录。审计人员认为该项业务不规范，于是决定作进一步审查。

2. 线索追踪

审计人员首先调阅了“应收票据”明细账及有关的记账凭证、原始凭证，但均未发现该项业务的收款或转账记录。于是审计人员找财务科的同志面询，得知该笔应收票据由王某专门负责催收。后审计人员找王某面询，王某称该应收票据已无法收回，因为华夏公司已宣告破产。为了弄清事实真相，审计人员又进行了大量的调查取证，最后的结果是华夏公司确已破产，但华夏公司已用现金支付6 000元，且有收据为证，后又找王某面谈，王某承认已收到6 000元，并通过出纳在收款收据上盖上了财务章，但款由王某和出纳私分。

3. 审计处理

根据被审计单位的实际情况和调查中取得的审计证据，经和被审计单位交换意见后，审计人员的结论是：

（1）出纳和催收货款的王某合伙贪污已收回的6 000元，除如数收回外，还要进行必要的教育和行政处分。

（2）该企业在会计处理上不符合及时性原则，应及时进行账务处理。

4. 账项调整

（1）票据到期及时转账的会计分录：

借：应收账款——华夏公司	11 700	
贷：应收票据		11 700

（2）收回6 000元后的会计分录：

借：库存现金	6 000	
坏账准备	5 700	
贷：应收账款——华夏公司		11 700

案例三　违规扩大计提基数　虚增费用

1. 审计线索

审计人员接受市审计局下达的审计任务，参照审计档案中的有关资料，制定出了审计工作方案，并依据审计工作方案于2011年4月，对市属白榆公司2010年度的资产负债等经济业务进行了实地审计。审计过程中，审计人员发现上年末的应收账款余额为850 000元，而“坏账准备”账户贷方余额则为4 000元，目测就可断定明显不符合相关规定。由此，审计人员怀疑该公司在计提坏账准备业务时，可能不规范或存在着舞弊行为。所以决定对“应收账款”和“坏账准备”及“管理费用”等账户作进一步查证，以便确定该业务的真实性及正确性。

2. 线索追踪

审计人员依据计提坏账准备计算表，首先找财会人员面询，得知该企业于2010年初开始实行备抵法，年末计提坏账准备。坏账准备计提的标准为4‰，当询问其“坏账准备”账户的余额与上年末应收账款余额确定的计提比例不相符时，即按计算：“坏账准备”账户余额应为850 000×4‰=3 400元，而问到该企业为什么计提了4 000元时，财会人员回答是他们在计提坏账准备时，应收账款余额是按1 000 000元计算的，其中包括：“应收票据”账户余额117 000元。“其他应收款”账户余额33 000元。审计人员在对应收账款业务作进一步审查时发现，该公司2010年8月还采用直接转销法处理了一笔金额为46 800元的坏账。经审核该笔业务的原始凭证，发现原始凭证是自制的，且只注明了对方企业已破产，所欠款项已无法收回，但是没有任何部门出具的证明和批件。为此，审计人员进行了函询和调查，调查的结果却是欠款企业已于2010年8月以现金方式偿还了这笔债务，并出示了足以证明所述情况的证据——吉星公司出具的盖有财务章的收据。审计人员又顺藤摸瓜，回到吉星公司财务科调查取证，最后确认这46 800元是经有关领导授意存入小金库，作为应酬招待的费用。

3. 审计处理

审计人员根据已掌握的审计证据，对照有关的财经法规和纪律，经和被审计单位吉星公司交换意见后结论如下：

（1）吉星公司在对应收账款计提坏账准备过程中，在知晓制度规定的情况下，加大计提坏账准备的基数，将应收票据和其他应收款的余额也列入应收账款之中，从而虚列管理费用，虚减上年度的利润，进而偷逃所得税，少提盈余公积，减少上年度的未分配利润。

（2）弄虚作假，截留收入。吉星公司将已收回的应收账款存入小金库，而在注销该笔业务时，却将其编造成坏账直接转销，进而虚增费用，虚减利润，偷漏企业所得税，少提盈余公积，少记未分配利润。

（3）追缴截留收入，冲减多提的坏账准备，并进行相应的账务处理。除此，要进行严肃的批评教育，令其保证以后不再发生此类事情。

4. 账项调整

由于审计人员是在2011年年初进行的审计，所以已无法对2010年年末的损益进行调整，只能通过"利润分配——未分配利润"科目进行。具体的调整会计分录为：

（1）将存入小金库的46 800元调整入账：

借：其他应收款　　46 800

　贷：利润分配——未分配利润　　46 800

（2）冲减多提的坏账准备600元：

借：坏账准备　　600

　贷：利润分配——未分配利润　　600

（3）计算应补交的所得税，税率25%：

(46 800 + 600) × 25% = 11 850（元）

借：利润分配——未分配利润　　11 850

　贷：应交税费——应交所得税　　11 850

（4）按10%补提盈余公积：

(46 800 + 600 − 11 850) × 10% = 3 555（元）

借：利润分配——未分配利润　　3 555

　贷：盈余公积——法定盈余公积　　3 555

案例四　假借其他应收款　挪用公款

1. 审计线索

审计人员按照市审计局的工作计划，遵循审计工作方案的安排和步骤，于2011年8月10日至15日对市属某国有商品流通企业本年度上半年的资产负债、损益和现金流量等情况进行审查时，发现该企业6月份"其他应收款"账户余额较前期明显增加。其中6月18日有一笔其他应收款为234 000元，审计人员由于职业的敏感，认为该笔其他应收款数额较大，很可能有违纪的行为存在，于是决定对该笔业务进行追踪审查。

2. 线索追踪

审计人员根据其他应收款明细账的摘要及凭证号，调阅了该笔业务的记账凭证。该笔业务的会计分录为：

借：其他应收款——海南某商店 234 000

　贷：银行存款 234 000

经审核，该记账凭证所附的原始凭证是一张汇款回单和海南某商店开出的销售发票。经找当事人面询和与海南某商店函询证实，所付款项是购买VCD影碟机200台，每台进价1 000元，增值税170元，货款合计200 000元，增值税税额为34 000元，共计234 000元，与所附原始凭证相符。既然是采购商品，就应该记入“商品采购”或“物资采购”科目，为什么记入“其他应收款”科目，审计人员认为有必要进一步追查。经和出纳及仓库保管员面询后得知，该批VCD影碟机根本没有入库而是瞒天过海，直接交货发给本市某一个体户，以每台1 600元的价格卖给了该个体户，现钱货两清。审计人员进一步追查，最后明确，所收的货款除234 000元由经手人待归还企业外，其余部分已被有关财会人员和有关领导“合理”分掉。

3. 审计处理

通过对该笔业务的审核、调查和取证，根据掌握的审计证据，再与被审计单位交换意见后，审计人员的结论是：该企业财会人员受利益的驱动，挪用公款，非法牟利，是一起典型的舞弊行为。除对相关人员进行批评、教育和必要的处分外，还应追缴所有的收入，并将其纳入企业的账内，同时进行相应的账务调整。同时，还建议该单位完善必要的岗位责任制和相应的内部控制制度，避免公款体外循环，影响企业的收益。

4. 账项调整

根据被审计单位的实际情况，其具体的调整会计分录应为：

（1）将挪用公款采购分录调整为：

借：库存商品——影碟机 200 000

　应交税费——应交增值税（进项税） 34 000

　贷：其他应收款 234 000

（2）追收全部货款并按销售处理：

借：其他应收款 320 000

　贷：主营业务收入 273 504.27

　　应交税费——应交增值税（销项税） 46 495.73

（3）结转营业成本：

借：主营业务成本 200 000

　贷：库存商品 200 000

并做出结转收入与成本的账务处理。

（4）将收入结转到本年利润：

借：主营业务收入 273 504.27

　贷：本年利润 273 504.27

（5）将营业成本结转到本年利润：

借：本年利润 200 000

贷：主营业务成本　　200 000

案例五　利用其他应收款　套取现金

1. 审计线索

审计人员根据市审计局的工作计划，于 2010 年 10 月 8 日对市属盐业公司本年度 1 ~ 9 月份经济活动的合法性进行审查。在审查中发现 8 月份有一记账凭证上的会计分录为：

借：其他应付款　　23 400

　贷：其他应收款　　23 400

且该记账凭证缺少足以证明经济业务的原始凭证，只有一张自制应收与应付对转的含糊不清的简要说明。审计人员怀疑其中可能存在着过失错误或舞弊行为，于是决定对该笔业务作进一步审查。

2. 线索追踪

审计人员首先调阅了该企业的明细账。发现在“其他应收款”和“其他应付款”账户中各有一张凭证的数字与所怀疑分录的数字相同，即 23 400 元。

（1）借：其他应收款　　23 400

　　　贷：库存现金　　23 400

（2）借：银行存款　　23 400

　　　贷：其他应付款　　23 400

经将两张记账凭证和所附的原始凭证进行核对，证明其他应收款与所附的原始凭证相符，因其所附的原始凭证是一张手续完备的出差借款单。而其他应付款所附的原始凭证却不那么明晰，因为其所附的原始凭证只是一张进账单，没有明确的说明。于是审计人员与财会科的相关人员和出差借款人面询，发现出差借款人也是财会人员。经追问出差的到达地、差旅费报销单和记入其他应付款的原因后，真相大白。原来是该企业财务科为个体户套取现金，并收取了 3 400 元的“手续费”作为科里的应酬招待费。

3. 审计处理

审计人员根据被审计单位的实际情况，参照相关的审计依据，认为这是一种舞弊行为，除进行批评教育外，还应将非法所得的“应酬招待费”如数追回，经请示有关人员后再作最后处理。

4. 账项调整

借：库存现金　　23 400

　贷：其他应付款　　23 400

案例六　利用预付账款　搞账外投资

1. 审计线索

审计人员接受审计任务后，按着审计工作方案的安排和步骤，于 2011 年 3 月 5 日至 15 日，对市属宏达汽车配件厂 2010 年度的资产负债、损益和现金流量等情况进行审计。在审计过程中，审计人员发现 2006 年 1 月有一笔 100 000 元的预付账款，直到审计日仍未收回。审计人员怀疑其中可能存在着这样或那样的问题，于是决定对该预付账款作进一步的审查核实，以确定真伪。

2. 线索追踪

审计人员根据预付账款明细账的摘要和时间及凭证号，调阅了该企业2010年1月第一本记账凭证，并很快找到了第10号凭证，其会计分录为：

借：预付账款——振兴厂　100 000

　贷：银行存款　100 000

经审核原始凭证，是一张汇款回单，汇入单位是本市振兴机械厂。从汇入单位看，可能是宏达汽车配件厂的客户。但为什么时隔一年之久，仍未收到材料或产品？对此审计人员依据原始凭证上的签字及经办人，首先找到了经办人员和有关负责人进行面询。开始经办人员支支吾吾，说不太清。后又和有关负责人交谈，方知原本想购买材料，后供货单位不景气，考虑到多年的协作关系，经领导批示两年后收回。审计人员在与被审计单位人员面询后，为了弄清真伪，又与振兴机械厂取得了联系。经调查、取证、核实，最后证实该笔预付款业务，名是预付货款，实则是一种投资活动。这是因为预付款的最终去向是振兴厂所属的酒店，且已承包给个人。根据书面协议振兴厂的酒店每年以20 000元的现金作为入股的回报，且已经支付了2010年的20 000元，收据的签收人为宏达汽车配件财务负责人。据此，审计人员又回到宏达汽车配件厂进行核实，在铁的事实面前，该厂承认确有此事，20 000元已入企业小金库，作为"厂长基金"。

3. 审计处理

审计人员通过调查、取证、核实、交换意见等一系列工作，最后认定，宏达汽车配件厂的所谓预付货款，实则是挪用资金进行账外投资，并将投资收益记入账外账——小金库，是一种故意违反财经法规和财经纪律的违纪行为。除对当事人及主管领导进行批评教育外，还应按有关规定给予适当的行政处分。同时，还应将非法存入小金库的20 000元，记入企业的账内，将预付账款为名的投资还其本来面目，以便保证会计信息的真实性和正确性。

4. 账项调整

审计人员根据被审计单位的实际情况，建议作如下账项调整：

（1）将预付账款转入投资账户：

借：长期股权投资——成本　100 000

　贷：预付账款——振兴厂　100 000

（2）将存入小金库的20 000元正规入账：

借：其他应收款　20 000

　贷：利润分配——未分配利润　20 000

（3）计算应纳所得税，税率为25%：

借：利润分配——未分配利润　5 000

　贷：应交税费——应交所得税　5 000

（4）按10%补提盈余公积：

$(20\ 000-5\ 000)\times 10\% =1\ 500$ 元

借：利润分配——未分配利润　1 500

　贷：盈余公积——法定盈余公积　1 500

案例七 利用预付账款 截留收入

1. 审计线索

审计人员根据既定的审计工作方案的安排，于2010年2月10日~15日，对汽车配件厂进行了审计。在审阅“预付账款”明细账时，审计人员发现6月7日有一笔预付账款收回业务，但未注明销货单位名称，且该明细账借方没有任何记载，审计人员认为该项业务可能存在这样或那样的问题，于是决定对该笔业务作进一步的审查。

2. 线索追踪

根据明细账中所记日期及凭证号，审计人员调阅了6月份的记账凭证并很快找到了该笔业务的记账凭证。该记账凭证上的会计分录为：

借：银行存款　　66 000

　　贷：预付账款　　66 000

审计人员将记账凭证与所附的原始凭证进行核对，发现所附的原始凭证为一张银行收款通知和一项专利转让合同书。该合同书标明66 000元，是转让技术对方付的款项，与预付账款没有什么关系。于是审计人员找财务科的相关人员进行面询，当审计人员问到预付款购买什么物资，预付给什么单位，是否有预付合同，对方是否发料，转让无形资产是否和预付账款有关等一些问题时，相关人员说法不一，漏洞百出，难以自圆其说。在审计人员入情入理的说教下，财务科的人员承认此款是转让无形资产取得的收入，但当时考虑到少交相关的税金和将此款待机挪作它用，因此，将66 000元记入了“预付账款”账户的贷方。

3. 审计处理

审计人员根据被审计单位账务处理的实际，参照相关的审计依据，得出了被审计单位对该项业务的处理是一种舞弊行为的结论。除进行业务和政策的指导与教育外，还应对相关的账项进行调整，以保证会计信息的正确性。

4. 账项调整

（1）将已收款项增加其他业务收入：

借：预付账款　　66 000

　　贷：其他业务收入　　66 000

（2）结转无形资产的实际成本：

借：其他业务成本　　40 000

　　贷：无形资产　　40 000

（3）计算应交的营业税、城建税和教育费附加（比例分别为5%，7%，3%）：

借：其他业务成本　　3 630

　　贷：应交税费——应交营业税　　3 300

　　　　　　　　——应交城建税　　231

　　　　　　　　——教育费附加　　99

（四）存货审计案例

案例一 采购成本不实 影响成本和利润

1. 审计线索

审计人员张正和李胜接受审计局下达的审计任务后，依据审计工作方案的安排于2010

年11月5日~15日对市属东方机床厂年内经济业务进行了抽样审计。在抽查的经济业务中，有一张10月份的付款凭证，编号为银付18号，其会计分录为：

借：管理费用——运费　　2 600

　　贷：银行存款　　2 600

审计人员认为企业发生的运费不外乎购进材料物资的外地运费，购入固定资产的运费和购入专项工程物资的运费，以及购进材料物资的市内运费。按规定只有市内运费才可记入管理费用，而市内运费一次就2 600元，实属罕见，因此，审计人员决定对此项业务作进一步的审查。

2. 线索追踪

审计人员仔细认真地审核了18号付款凭证所附的原始凭证得知：该运单是10月5日由广州车站填制的，所运货物是该厂生产所需A材料。经与当事人面询，证实A材料是在广州某批发市场所购，现已入库。按照当事人提供的批发市场名称、材料的规格、重量和金额，审计人员首先调阅了A材料明细账，并根据A材料明细账的摘要和金额，以及凭证种类和号数，查到了A材料采购和入库的会计分录：

（1）采购付款的会计分录：

借：材料采购——A　　140 400

　　贷：银行存款　　140 400

（2）验收入库的会计分录：

借：原材料——A　　140 400

　　贷：材料采购——A　　140 400

经将采购付款的记账凭证和所附的原始凭证相核对，发现二者不相符。原因是原始凭证是购买A材料的增值税专用发票，货款120 000元，增值税额20 400元，合计140 400元。该企业是一般纳税人，增值税属价外税，而该企业却没有将增值税记入“应交税金——应交增值税（进项税额）”科目，却全额转入了“原材料”账户。

3. 审计处理

审计人员根据审计中发现的问题，对照企业会计制度和相关的财经法规，结论如下：

（1）虚减采购成本。被审计单位从广州采购A材料的运输费用2 600元，按财务会计制度的规定，应直接记入A材料的采购成本。而该企业却将其直接记入当月的管理费用，从而使10月份的管理费用虚增2 600元，采购成本虚减2 600元，最终减少10月份的利润2 600元。

（2）税金账务处理不当。按照税法和会计制度的规定，增值税属于价外税，因而，购入材料的进项税额，不应记入材料的采购成本，而应记入“应交税金——应交增值税（进项税额）”。而该企业购入A材料的进项税额20 400元直接记入A材料的采购成本，最终结果使材料成本增加20 400元，“应交税金——应交增值税（进项税额）”账户减少20 400元，因此，必将影响产品成本和应纳增值税的正确性。

4. 账项调整

审计人员依据被审计单位的实际情况和审计结论，经过和被审计单位交换意见后，要求被审计单位作如下调整：

（1）冲减虚增的管理费用，调整因此少记的材料成本。根据该企业入账的会计分录，其调整分录应为：

借：材料采购——A 2 600
　　贷：管理费用 2 600
借：原材料——A 2 600
　　贷：材料采购——A 2 600

（2）调整“进项税额”账户，冲减原材料成本，根据该企业入账的会计分录，其调整分录为：

借：应交税金——应交增值税（进项税额） 20 400
　　贷：材料采购——A 20 400
借：材料采购——A 20 400
　　贷：原材料——A 20 400

案例二　商业套用工业会计　多计采购成本

1. 审计线索

审计人员按照审计工作方案的安排，于 2010 年 11 月 1 月 20～25 日对市属某商品流通企业本年度已发生的经济业务的合法性和效益性进行审计。在审阅“库存商品”明细账时，审计人员发现 11 月 8 日所购某种商品的采购成本较前几次明显偏高，审计人员怀疑可能存在着这样或那样的过失和舞弊，决定对该笔经济业务作进一步的审查。

2. 线索追踪

审计人员依据“库存商品”明细账所记的时间和凭证号，调阅了该笔业务的记账凭证。该记账凭证上的会计分录为：

借：商品采购 A 46 000
　　应交税费——应交增值税（进项税额） 6 800
　　贷：银行存款 52 800

审计人员将原始凭证与记账凭证进行了核对，发现二者金额相符。在对原始凭证作进一步审核时，发现所附原始凭证共三张：一张是增值税专用发票，专用发票上注明该批商品进价 40 000 元，增值税额 6 800 元；另一张是运杂费收据，包括运输、装卸和搬运费合计 4 500 元；还有一张是包装费收据 1 500 元。审计人员认为该单位该笔经济业务的处理，是套用工业企业材料采购入账的。于是与相关的材料会计和财务科负责人进行了面谈。证实该材料会计来自于某工业企业，对商品流通企业的财务会计制度不甚了解，的确是按着工业材料采购的会计处理进行的，但无任何的不良动机和企图，后来掌握了相关规定后，均按制度处理，只是怕麻烦，该笔业务没有更正。

3. 审计处理

审计人员根据被审计单位的账务处理的实际，依据《商品流通企业会计制度》的规定，经和被审计单位交换意见，认为被审计单位上述经济业务的处理，不符合现行财务会计制度的要求。将应在“经营费用”账户核算的运杂费、包装费计入了所购商品成本，其结果一方面增加了商品成本，另一方面也影响当期利润的数额，进而影响会计信息的及时性和正确性。因此，对该企业对工作不够认真、执行制度不够严格进行批评教育，同时要进行相应的账项调整，以保证会计信息的正确性。

4. 账项调整

（1）若该批商品刚购入还没有售出，则应进行如下调整：

借：经营费用 6 000

　　贷：库存商品 6 000

（2）若该批商品已经售出，应作如下的账项调整：

借：经营费用 6 000

　　贷：商品销售成本 6 000

案例三　缺少内部控制制度　影响存货真实性

1. 审计线索

审计人员李顺和王正接受审计局下达的审计任务后，在辅助人员的协助下，参照审计档案的相关资料，制定出完整的审计工作方案，并依据经审核后的审计工作方案，于2010年12月10日~20日，对市属国有工业企业汽车配件厂进行了审计。在审计过程中，审计人员发现该厂缺少必要的行之有效的存货保管内部控制制度。为了防止出现偏差和遗漏，审计人员决定对存货保管做进一步的审查。

2. 线索追踪

审计人员首先调阅了容易出现问题的包装物、低值易耗品和产成品账，然后根据账面记录分别进行了抽查：

（1）在抽查包装物时，发现该企业包装物和材料同放一库，且包装物单一，根据账面去盘存实物，二者明显不符。账面包装物为1 200个，每个单价100元，实际却是600个。对此，审计人员找仓库保管员、材料会计、财务科长和生产厂长面询。经面询得知，企业购入包装物入库后，生产领用了400个，但没有登记在财会部门的数量金额账上，只在仓库保管员处有一张车间领料员签字的便条。另外200个由主管领导答应，借给A企业已近一年，仓库保管员处有主管领导签字的A企业当事人的借条，借条上签署的日期为2010年1月1日。根据借条上当事人的签字，审计人员找到了A企业的经办人，经调查取证得知A企业借的200个包装物，实则是租用，每个包装物一年租金为100元，一年分两次结算，上半年的10 000元租金已付，被审计单位已开据盖有财务章和出纳员名章的收据。对此，审计人员又返回被审计单位，经向财务科长和出纳员面询后，证实A企业所述属实。资金已存入小金库，用于应酬招待。

（2）在审查低值易耗品时，发现该企业1~10月只购进一次低值易耗品，价款50 000元。审计人员按照低值易耗品明细账所记的日期及凭证号，查明了该笔业务所购为586计算机10台的记账凭证及所附的原始凭证，经核对二者的金额不一致。原始凭证是一张一般纳税企业的增值税专用发票，其中货款50 000元，增值税额为8 500元。按财务会计制度规定，购入固定资产原始价值应包括增值税，而该企业的入账会计分录却是：

借：周转材料——低值易耗品 50 000

　　应交税费——应交增值税（进项税额） 8 500

　　贷：银行存款 58 500

从该企业该笔低值易耗品的入账分录，可以判定，其账务处理不符合会计制度的规定，于是审计人员向材料会计面询。得知是由于材料会计非专业出身，业务不熟，按材料业务的分录编制的。

（3）在抽查产成品明细账时，发现该企业账证不符情况比较严重。在抽查的 4 个品种中，有 3 个品种不符，有的数额也较大，经与有关人员询问、调查、取证后，得知不符的原因有三：一是领导用其拉关系，把 A 产品送去试用 5 台，每台 1 500 元，成本 1 000；二是保管员随意“外借”A 产品 2 台，每台 1 500 元；三是发货品种、型号有误。总之，缺少必要的内部控制制度和上下、左右的相互制约。

3. 审计处理

审计人员根据调查询问所取得的审计证据，对照相关的财经法规和制度，通过与被审计单位交换意见后，结论如下：

（1）包装物收发、保管缺少必要的内部控制制度，且手续不健全，账簿登记不及时。包装物出租却说成是出借，隐瞒了收入，违反了财经法规，影响了会计信息的真实性和可靠性。

（2）计算机入账的价值确认不准确。增值税从理论上说是价外税，进项税额应单独列示，但那是指购进材料，即劳动对象。计算机不是劳动对象而是固定资产，企业不可能对其加工形成产品后再对外销售，因而不涉及增值税的问题。税法和会计制度都明确规定，固定资产的原始价值包括相关的税金。所以，该企业将固定资产的账务处理，按材料进行账务处理是违反税法和相关的财经法规，因而，必将影响到了增值税的及时、足额上缴和固定资产价值的正确性。

（3）产成品保管制度不健全，缺少相应的制约机制。领导批准确需试用，为的是抢占市场的产成品记入产品销售费用，并进行账务处理，否则应按销售处理。保管员随意“外借”，实则是监守自盗，应全数赔偿；对于发错品种和型号，应通过盘点，确定实存数，并调整相关的账簿。

4. 账项调整

（1）调整包装物账面数：

①生产领用的包装物应及时入账，补记如下：

借：生产成本——××　　40 000

　贷：周转材料——包装物　　40 000

②对于“出借”，实则出租的包装物应调整如下：

借：周转材料——包装物——出租　　20 000

　贷：周转材料——包装物——库存　　20 000

借：银行存款　　10 000

　贷：其他业务收入　　10 000

借：其他业务成本　　1 700

　贷：应交税费——应交增值税（销项税额）　　1 700

（2）对购入计算机的账项调整：

借：固定资产——计算机　　58 500

　贷：周转材料——低值易耗品　　50 000

　　　应交税费——应交增值税（进项税额转出）　　8 500

（3）产成品的账项调整：

对随意外借和监守自盗的人员应按销售处理，并追缴有关款项，其账项调整如下：

借：其他应收款 10 500

　贷：产品销售收入 10 500

借：营业税金及附加 1 785

　贷：应交税费——应交增值税（销项税额） 1 785

借：主营业务成本 7 000

　贷：库存商品——×× 7 000

案例四　发出存货弄虚作假　增大了产品成本

1. 审计线索

审计人员接受审计任务后，参照相关的资料编制出审计工作方案，并依据审计工作方案的安排，于2010年12月6～12日对某工业企业2010年度的资产负债、利润和现金流量情况进行了审计。审查库存原材料保管内部控制制度和条件时，发现了一笔经济业务的会计分录为：

借：生产成本 6 000

　贷：原材料——A 3 000

　　　　——B 2 000

　　　　——C 1 000

可该记账凭证所附的原始凭证不是领料单，而是盘点表一张。审计人员认为此会计处理违反常规，于是决定对该笔业务作进一步的审查。

2. 线索追踪

审计人员通过调查了解到该企业有定期盘存制度，对原材料的收发保管实行永续盘存制。但对盘亏的原材料为什么要记入产品成本，为什么盘亏材料的进项税额不及时转出，为审计人员与仓库保管员和材料会计及财务负责人进行了面询。经过面询得知，有3 000元的材料是专项工程暂用的，有2 000元的材料是主管部门“借用”的，有1 000元的材料是不知何故短缺的。经进一步追查，证实专项工程所用材料是因为预算固定、假借“暂用”，是为节省资金搞福利；主管部门“借用”的根本就不想归还，又不让账上体现；无故短缺的1 000元的材料，实则不缺，为的是核销后变卖，仓储部门用于应酬招待。以上情况相关当事人都供认不讳。

3. 审计处理

审计人员根据被审计单位账务处理的实际情况，参照相关的审计依据，经与被审计单位交换意见后认为：被审计单位内部控制制度不够科学和严密，加之政策和法规观念不强，因此，从小集团的利益出发，进而导致舞弊行为的发生。为此，对相关人员要进行批评和教育，并对相关的账项进行调整，以保证会计信息的正确性和可靠性。

4. 账项调整

（1）将专项工程领用的材料，记入“在建工程”账户，并将相应的进项税额转出。具体的调整分录为：

借：在建工程 3 510

　贷：生产成本 3 000

应交税费——应交增值税（进项税额转出） 510

（2）将主管部门“借用”的材料按销售入账，调整分录为：

借：应收账款 2 340

贷：生产成本 2 000

应交税费——应交增值税（销项税额） 340

（3）虚假的盘亏更正过来，具体的分录为：

借：原材料——A 1 000

贷：生产成本 1 000

案例五 利用材料成本差异 调节成本和利润

1. 审计线索

2010 年 10 月审计人员在接受审计任务后，依据审计工作方案，对市属机械厂 2010 年 1 月至 9 月的存货业务进行审计。该企业材料按计划成本核算，由厂财务科统一进行，在审计过程中，审计人员通过验证，发现该企业 6 月份的库存和发出材料的成本差异率不一致，于是决定对材料发出业务进行进一步的调查取证。

2. 线索追踪

审计人员调阅了该企业的材料账和材料成本差异账，发现其 6 月份的原材料和材料成本差异账情况如下：

原材料——主要材料

借方	贷方
期初 120 000	
购入 780 000	发出 600 000
结存 300 000	

材料成本差异——主要材料

借方	贷方
期初 5 700	
发生 39 300	结转 33 000
余额 12 000	

审计人员据此对材料会计和财务科长进行了面询，通过面询后得知，该企业材料采用的是计划成本核算，并按当月差异率计算调整出库材料的计划成本。但有时考虑到成本的高低，没有据实结转差异，但年终一定结齐。因此，出现了库存和发出材料差异率不一致的情况。

3. 审计处理

根据被审计单位的实际情况，审计人员认为：材料按计划成本核算时，其结转发出材料成本差异的数额是按加权平均原理计算的。因而发出材料的差异率应与库存材料的差异率相等。但该厂的结转差异率为5.5%（33 000/600 000×100%），库存差异率则为4%（12 000/300 000×100%），二者不相一致。由于结转差异率大于库存差异率，显然是多转了发出材料应负担的超支差异，加大了当月的生产费用。因此，结论是：

（1）该企业上述行为，实质上是利用材料成本差异调节产品成本，是一种违反财务会计制度的一种违纪行为。

（2）应结转差异额＝600 000×（5 700＋39 300）/（120 000＋780 000）×100%
＝30 000（元）

多结转的差异额＝33 000－30 000＝3 000（元）

4. 账项调整

由于多转了差异，因而应全额转回，调整分录为：

借：材料成本差异　　3 000
　贷：生产成本　　3 000

四、长期资产审计案例

案例一　长期投资计价错误　虚增利润和投资

1. 审计线索

审计人员2011年初在对永泰集团“长期债权投资——债券投资”明细账户及有关资料审计时发现，永泰集团于2010年4月1日购入新来开发区2010年1月1日发行的面值为2 000万元的融资债券，期限8年，到期日为2018年1月1日，年息10%，实际支付的购买款项2 000万元（假定不考虑相关费用），“长期债权投资”明细账户借方反映也为2 000万元。因此，审计人员初步认定，永泰集团在该笔长期债券投资中，可能存在利息计算或折价摊销错误等问题，并进一步予以查证。

2. 线索追踪

审计人员在查证基础上，根据分析可能存在的错误之处，调阅了有关会计凭证，其会计分录为：

借：持有至到期投资——成本　　20 000 000
　贷：银行存款　　20 000 000

上项分录说明，企业在购进债券时，未考虑发行日与购买日不同而应计的利息，事实证明了审计人员的判断是正确的。

根据上述情况，审计人员计算2010年4月1日购买时债券已含有的利息。

应计利息＝2 000×10%×3/12＝50（万元）。由此可见，2 000万元中应包括50万元的应计利息。

3. 审计处理

永泰集团在长期债权投资会计处理中出现的错误，造成了长期债权投资会计信息中的不真实，应对账面进行调整。

4. 账项调整

（1）调整4月1日长期债券投资的会计分录：

借：应收利息　　500 000
　贷：持有至到期投资——利息调整　　500 000

（2）计算并调整2000年度末应摊销的债券折价：

债券折价摊销 =（9×500 000）/（8×12）=46 875（元）

借：持有至到期投资——利息调整 46 875

贷：利润分配——未分配利润 46 875

（3）调整利润、所得税、利润分配及会计报表的相关事项。

案例二 转移到期投资款 企图非法使用

1. 审计线索

2011年4月审计人员在对天时公司“持有至到期投资”明细账进行审计时，发现一笔2008年9月1日购买的到期日为2011年9月1日的债券仍挂在账上，其金额（面值）为50万元，利率10%，债券到期日利息一次付清。审计人员认为此项业务在2010年年末就应转入到“1年内到期的长期债权投资——债券投资”账上，因而审计人员认为必有错弊，于是进行了进一步查证。

2. 线索追踪

（1）审计人员首先询问会计人员已到期的长期债券投资仍挂账的原因，会计人员解释说发行债券的公司因近年来经营状况不佳，暂时无法全额偿付利息，但答应2011年9月1日偿还全部利息。

（2）审计人员接着对此事项向发行债券的公司进行了函证，对方告知债券本息共65万元已于2010年9月15日由银行划付偿清。

（3）同时，审计人员查阅了有关的债券到期前后的银行存款日记账和对账单，发现2010年9月15日收入65万元，对账单上有，银行存款日记账上却没有。同样又发现在9月18日公司划出一笔65万元的款，对账单上有，公司银行存款日记账上却没有。这65万元与审计人员计算的天时公司所购到期债券本息和正好相等，又与债券发行公司偿付的天时公司所购到期债券本息在时间上相吻合。因此，审计人员要求天时公司会计人员拿出2010年9月15日和9月18日这两笔业务的进账单和转账支票存根等有关原始单据。会计人员无奈，在有力的证据面前，不得不承认了公司领导决定将这笔65万元款项转存于另一银行户头，定期1年，转存所得利息收入将作为小金库收入。

3. 审计处理

（1）多头开户，违反了银行结算制度的有关规定，按其性质情节，应给予从重处罚，并立即撤销所开账户。

（2）私设小金库，违反了现金管理条例的有关规定，但因存款未到期尚未造成既成事实，没收非法所得，不再罚款。

4. 账项调整

（1）冲销挂账的“持有至到期投资”

借：银行存款 650 000

贷：持有至到期投资 650 000

（2）罚款及没收的利息收入，按实际发生时处理，这里可不调账。

（3）调整会计报表中的有关事项。

案例三　多计长期股权投资　私分红利

1. 审计线索

审计人员在对华达股份有限公司“长期股权投资”明细账进行审计时，发现其中一笔是2010年3月2日购买A公司的股票，摘要栏显示购买50 000股，借方金额显示为278 750元。稍加分析，审计人员初步怀疑该笔“长期股权投资——A公司”的人账价值可能有问题。

2. 线索追踪

审计人员在对长期股权投资明细账查阅分析的基础上，进一步查阅了3月2日相应的4号记账凭证和有关该笔购买业务的相应记录资料，进行了证账、证证核对，发现其原始凭证和有关的记录资料反映：华达公司购买A公司股票50 000股，实际支付275 000元，其中包括25 000元已宣告发放的现金股利。另外支付经纪人手续费、佣金3 750元。华达公司3月2日的4号记账凭证上的会计分录为：

借：长期股权投资——A公司　　278 750

　　贷：银行存款　　278 750

该笔会计分录表明，该公司在购买股票入账时，将应记入“应收股利”的现金股利25 000元记入了“长期股权投资——A公司”账户，使“长期股权投资”多计25 000元。出于职业谨慎，审计人员又进一步扩大审计范围，查阅了与该笔投资业务有关的“银行存款”、“现金”会计分录，华达公司在收到已宣告发放的现金股利后在30号凭证上作如下会计分录：

借：银行存款　　25 000

　　贷：其他应付款——A公司　　25 000

该笔分录表明，华达公司将收到的现金股利记入“其他应付款”，明显有业务不对应之处，很可能会是为以后转移挪用甚至私分该笔款项打伏笔。为证明此情况是否发生，审计人员又查证了“其他应付款——A公司”明细账，发现7月23日该笔业务已注销，相应的7月23日的38号凭证会计记录为：

借：其他应付款——A公司　　25 000

　　贷：银行存款　　25 000

对此审计人员又通过调查、函证、询问等审计方法，终于查证了该笔被转移私分的事实。

3. 审计处理

审计人员取得了充分的证据，证明华达公司人为多计“长期股权投资”价值，造成“长期股权投资”虚增，并利用已宣告发放现金股利，给企业带来经济损失。这种错误性质是极为严重的。私分款项必须如数退还，并建议公司对有关参与人员给予行政、经济处罚或移交司法机关处理。

4. 账项调整

根据上述情况，审计人员要求被审计单位，做出以下调整：

(1) 调整“长期股权投资”账面余额：

借：应收股利　　25 000

　　贷：长期股权投资——损益调整　　25 000

（2）追缴私分款项。

（3）调整会计报表相应事项。

案例四 将低值易耗品故意列入固定资产

1. 审计线索

注册会计师张正和李胜依据中信会计师事务所和白鹤市机械厂签订的业务约定书，制定了审计计划，并依据经审定的审计计划于 2010 年 12 月 5 日至 10 日，对白鹤市机械厂 2010 年 1 月至 11 月 31 日的资产负债表及损益表、现金流量表进行了审计。在审计过程中张正和李胜发现白鹤市机械厂 2010 年下半年固定资产增加较多，为防止出现偏差，于是决定对固定资产增加业务进行进一步的抽查验证。

2. 线索追踪

注册会计师张正和李胜首先调阅了该企业的固定资产明细账，并依据固定资产明细账抽查了 7 月份的第 25 号凭证，因为该固定资产的价值恰好 2 340 元整，凭证上的会计分录为：

借：周转材料——低值易耗品（计算机配件）　　2 340

　贷：银行存款　　2 340

经将原始凭证和记账凭证进行核对，发现二者的金额相符。原始凭证是一张增值税专用发票，发票上注明所购物品是计算机配件两套，每套价款 1 000 元，增值税额为 170 元，合计 2 340 元。经和财会人员和购物当事人面询，证实所购物品确实是两套计算机配件，它实质上是低值易耗品，购入后即被领用理应按 5 个月平均摊销，每个月摊销 400 元（2 000/5），可该企业为了减少费用增加利润，将其列入固定资产按使用期 5 年计算，每个月只提折旧 39 元。

3. 审计处理

经过调查、取证、核实和交换意见后，审计人员得出如下结论：

（1）违反企业会计制度，故意将低值易耗品列入固定资产，从而降低费用，虚增利润。

（2）账务处理不正确。该企业的该项业务按企业会计制度规定正确的会计分录应为：

借：周转材料——低值易耗品——计算机配件　　2 000

　应交税费——应交增值税（进项税额）　　340

　贷：银行存款　　2 340

（3）会计信息受影响，该企业的该笔业务按 5 个月摊销，每个月应摊 400 元，5 个月应摊尽 2 000 元。而该企业将低值易耗品列入固定资产后，按使用期 5 年计算，每个月只提折旧 39 元，实际只提 156 元（39 ×4），虚减费用 1 844 元（2 000 - 156）。

4. 账项调整

（1）将列入固定资产账户的计算机配件调整到低值易耗品账户，并体现其增值税的进项税额。

借：周转材料——低值易耗品——计算机配件　　2 000

　应交税费——应交增值税（进项税额）　　340

　贷：固定资产——计算机配件　　2 340

（2）将管理部门领用的配件按固定资产提取的折旧 156 元冲回，同时补记低值易耗品出库及形成的管理费用。

借：管理费用　　1 844

　　累计折旧　　156

　　贷：周转材料——低值易耗品——计算机配件　　2 000

案例五　误将安装调试费计入期间费用

1. 审计线索

按照市审计局的要求和既定的审计工作方案，审计人员于2010年10月8日，对宏达机械厂进行审计。在审计过程中，审计人员发现该企业本年6月份8号凭证的会计分录为：

借：固定资产——生产用　　250 000

　　贷：在建工程——自营　　250 000

由于该固定资产是自营进行的，为防止出现偏差和遗漏，审计人员决定对该固定资产业务作进一步的审核。

2. 线索追踪

审计人员首先找有关人员进行面询，得知该固定资产是一条新建的生产线。然后审阅了所有与固定资产有关的经济业务，从中发现没有安装和调试费项目。由于该生产线是新建，所以必须经过安装和调试。为了弄清这一问题，审计人员又与财会人员面询，得知确实发生了安装和调试费，但是已将安装费和调试费记入了相关的费用账户。按照财会人员所述，审计人员在本年的5月份凭证中，找到了安装调试费的账务处理，其会计分录为：

借：销售费用　　60 000

　　管理费用　　30 000

　　贷：银行存款　　90 000

该凭证的摘要栏内注明是付给某安装公司的款项，所附原始凭证为一张某安装公司开具的发票，注明是该企业新建生产线的安装费60 000元和调试费30 000元。另一张原始凭证是金额为90 000元的转账支票存根。

3. 审计处理

根据《企业会计准则》和该企业的会计处理，审计人员认为，该企业该项固定资产原始价值的确定不符合企业会计制度的规定。因为《企业会计准则》和《企业会计制度》都明确规定固定资产的原始价值包括买价、相关的税金、运输费、安装费、调试费等。而该企业却将安装费和调试费记入期间费用，虚减固定资产原值90 000元，相应地也减少了年度利润90 000元，并且还少缴纳了所得税，少计提了折旧额。因此，对于这种违反企业会计制度的行为，既要进行制度和业务方面的批评和教育，又要进行账项调整，从而保证会计信息的正确性。

4. 账项调整

（1）将记入“产品销售费用”和“管理费用”账户的费用冲回，并将其记入固定资产的原始价值。调整分录为：

借：固定资产——生产用　　90 000

　　贷：销售费用　　60 000

　　　　管理费用　　30 000

（2）补提7、8两月少提的折旧。经查阅该固定资产卡片得知，该生产线预计使用年限为10年，因而每月补提折旧额为750元（90 000/10/12），两个月共应补提1 500元，调整分录为：

借：制造费用　　1 500

　　贷：累计折旧　　1 500

（3）计算应及时缴纳的所得税，假定该企业的适用税率为33%，则应补纳的税额为22 500元（90 000×25%），调整分录为：

借：所得税费用　　22 500

　　贷：应交税费——应交所得税　　22 500

案例六　假称报废　实则投资

1. 审计线索

注册会计师张正和李胜依据中信会计师事务所和白鹤市机床厂签订的业务约定书，制定了审计计划，并依据经审定的审计计划于2011年2月5日至10日对白鹤机床厂2010年1月至12月的资产负债表、损益表和现金流量表进行审计。在审阅中发现该企业发生了一项固定资产提前报废的业务，时间是2010年1月份，凭证号为21号。其会计分录为：

借：营业外支出——非常损失　　25 000

　　累计折旧　　5 000

　　贷：固定资产　　30 000

由于该项业务既没通过固定资产清理账户，又没有发生清理费用和变价收入。同时，损失的数额又较大，所以，张正和李胜决定对该项业务做进一步的审查。

2. 线索追踪

张正和李胜首先进行了证证核对，原始凭证是一张固定资产盘点表，上面记载此次盘点只盘亏了这台机床，上面有各当事人的签字。于是张正和李胜分别与各当事人进行面询，其中有车间主任、财会人员、管理技术和设备人员，以及主管生产的副厂长等。从中得知，此机床并没有报废，但由于生产任务的减少也确实将要闲置。恰巧本市某企业又急需这种机床，但又无力购买。最后，两厂签订了投资性质的合同，机床厂以机床进行投资，价值以账面价值为准，即原值30 000元，已提折旧5 000元。某厂不论经营形势如何，每年均需预先付给市机床厂5 000元现金，且只出具非正规的收据，直至机床报废为止。后张正和李胜又按机床厂提供的当事人进行核对证明市机床厂所述情况属实，并得知某厂于2006年1月已付给市机床厂5 000元现金，其证据是盖有市机床厂财务章的一张非标准收据。根据收据上的收款人，张正和李胜查证得知，此款主要是用于迎来送往，账外账上有详细记载，现所剩无几。

3. 审计处理

注册会计师根据市机床厂的实际情况和已掌握的证据，经与被审计单位交换意见后结论如下：

（1）市机床厂弄虚作假，隐瞒收入，截留利润。

（2）调整相关账目，体现业务的实质。将账外账纳入正规账，必需的招待费经核实后再正规入账。

（3）补交所得税，并进行政策法规教育。

4. 账项调整

(1) 将虚拟的盘亏调整为投资。调整分录为：

借：长期股权投资——成本　　25 000

　贷：以前年度损益调整　　25 000

(2) 将账外账的5 000元纳入企业的正规账：

借：其他应收款　　5 000

　贷：以前年度损益调整　　5 000

(3) 补所得税（税率25%）、提取相应的公积金和公益金，并确定未分配利润的数额：

①借：以前年度损益调整　　7 500

　贷：应交税费——应交所得税　　7 500

②借：以前年度损益调整　　2 250

　贷：盈余公积——法定公积金　　2 250

③借：以前年度损益调整　　20 250

　贷：利润分配——未分配利润　　20 250

案例七　假称报废　实则转让

1. 审计线索

审计人员按照既定的审计工作方案，于2010年10月10日至20日，对某企业进行了审计。在审查固定资产的业务处理时发现，该企业8月份发生一项固定资产提前报废的业务，其会计分录为：

借：营业外支出——非常损失　　25 000

　　累计折旧　　15 000

　贷：固定资产　　40 000

由该项固定资产造成的非常损失占固定资产原值的62.5%，为了防止疏漏和差错，审计人员决定对该项业务做进一步的审查，以弄清真伪。

2. 线索追踪

审计人员首先查阅了固定资产卡片账和固定资产增减变动登记簿，得知该项固定资产从未大修过，这说明它还处于完好状态，且使用时间没有过半毁损应该有一定的原由。于是审计人员按照会计凭证所附原始凭证上的签字，对相关人员进行了面询。当问及毁损的原因时，回答不尽一致。审计人员穷追不舍，最后弄清了事情的真相。原来是国庆将至，为了搞福利和必要的招待，经领导批准将该项固定资产按账面净值进行了转让。转让所得的收入纳入“账外账”，现已花费得所剩无几。

3. 审计处理

对照该企业的业务处理及业务实质，审计人员认为该项业务是一种舞弊行为。因此，既要进行批评教育，又要追缴转让收入，同时，还要进行相关的账项调整。

4. 账项调整

(1) 追回转让设备所得收入25 000元：

借：其他应收款　　25 000

　贷：营业外支出——非常损失　　25 000

（2）计算所增利润应补纳的所得税：

25 000×25% =6 250（元）

借：所得税费用　　6 250

　　贷：应交税费——应交所得税　　6 250

案例八　随意确定应计折旧固定资产总值

1. 审计线索

审计人员根据市审计局下达的审计任务，参考审计档案中的相关资料，制定出了完整的审计工作方案。依据审计工作方案于2010年11月5日至10日，对市属机械总厂进行了审计。在审计过程中，审计人员发现该企业从下半年开始，费用水平明显低于正常情况，财务成果明显好于基期和上年同期。审计人员对于该企业的收入、费用支出项目逐一进行审核、比较、分析后，发现折旧费用一项比往年同期降低了很多，但在此期间，企业的固定资产并未减少，于是审计人员决定对固定资产折旧业务做进一步的查证。

2. 线索追踪

由于费用明显减少是从下半年开始的，所以，审计人员将6月至10月涉及固定资产折旧业务的记账凭证调出，并用6月份原始凭证去核对7月到10月份的原始凭证，发现从7月份开始，应计提固定资产折旧总额减少88万元。审计人员经和财会人员面询，得知该企业有季节性生产的产品，7月至10月是该产品停产的日期，因此，该企业将生产该产品的两个车间，均从应计提折旧的总额中剔除。其中包括厂房和设备共计88万元。为了确定固定资产的数额，审计人员又查阅了两车间的固定资产登记簿和固定资产卡片，证实88万元的数额是正确的。但又发现该企业将一个车间“借”给个体户作临时库房使用。经和当事人面询，得知“借”是有条件的，已按草签的合同每月交占用费1 000元，共计4 000元。钱已交给机械总厂财务科，且有盖机械总厂财务章的非正规收据为证。同时还发现有两台设备确属多余，已于6月末开始封存待售，且有正常的手续。两台设备原值为140 000元，已计提折旧55 000元，预计残值8 000元，预计清理费3 000元。

3. 审计处理

审计人员根据调查中所取得的证据，经和被审计单位交换意见，结论如下：

（1）固定资产折旧业务不规范。财务会计制度规定，季节性和临时性生产的设备属于计提折旧的范围，应照提折旧，而机械总厂却将880 000元，应计提折旧的价值从总值中扣除，违反了财务会计制度的规定。因此，应加强业务学习，掌握业务实质，正确地进行账务处理。

（2）弄虚作假，隐瞒收入。该企业各月出借库房实则是出租，应将出租所得及时入账，以便正确反映收支实际，提供准确的会计信息。

（3）固定资产封存记账不及时，不符合及时性原则的要求。

4. 账项调整

（1）补提折旧。根据该企业的历史资料880 000元中，厂房建筑物500 000元，月折旧率为0.8%；机器设备380 000元，月折旧率为0.6%，所以，应补提的折旧额为：

（500 000×0.8% +380 000×0.6%）×4 =25 120（元）

调整分录为：

借：制造费用　　25 120

　　贷：累计折旧　　25 120

（2）补记出租收入及应纳税额。调整分录为：

①借：其他应收款　　4 000

　　贷：其他业务收入　　4 000

②借：其他业务成本　　200

　　贷：应交税费——应交营业税　　200

案例九　将分期付款购入伪装成融资租入业务

1. 审计线索

审计人员接受审计任务后，依据审计工作方案于2010年12月20日至28日对市属陶瓷厂2010年1月至12月初的资产负债、损益和现金流量等情况进行了审计。审计人员在审计过程中发现该厂以融资租入方式租入一辆汽车，价值8万元，按合同规定包括利息和费用共需付10万元，分三年付清，该厂1至10月每月付1万元。1月份第2号凭证的时间为1月1日，分录为：

借：固定资产——融资租入　　100 000

　　贷：长期应付款——某公司　　100 000

每月支付租赁费的分录为：

借：长期应付款　　10 000

　　贷：银行存款　　10 000

10月份付完租赁费后同时编制了以下分录：

借：固定资产——生产用固定资产　　100 000

　　贷：固定资产——融资租入　　100 000

审计人员认为合同规定三年付清，为什么一年付清，既然一年付清为什么还用长期应付款科目。为了弄清原由，审计人员决定对租赁业务作进一步审查。

2. 线索追踪

审计人员首先找到合同的签订者进行了询问和调查。发现出租汽车的不是租赁公司，而是汽车的购销公司。究其合同签订的原由，才得知陶瓷厂想采用分期付款的方式购入一辆汽车，但有一个附加条件得弄点活动经费，恰巧汽车销售公司又销售不好，于是便答应为其提供活动经费，但市场价格又人人皆知，为了“安全”起见，双方认为稳妥的方法是将分期付款的业务，改装成融资租赁的形式。然后，将虚拟的利息和手续费20 000元再返还给陶瓷厂。这样既购得了市价汽车又弄到了20 000元的活动经费。再细追问其活动经费情况时，又发现该厂有临街门市房，现已出租开饭店，双方没有签订书面合同，只有口头协议，开饭店者每年向陶瓷厂支付租赁费30 000元，陶瓷厂只出具便条不开正式收据。租期是从2011年的7月1日开始，现实际交费为15 000元。陶瓷厂将账外的资金列作“厂长基金”，进行应酬招待用。

3. 审计处理

审计人员根据已掌握的审计证据，对照财经法规和财经纪律，又和被审计单位交换意见后，结论如下：

（1）弄虚作假，贪污公款。陶瓷厂所购汽车，本是分期付款业务，却伪装成融资租入固定资产业务。从中吃回扣，实则是贪污公款20 000元，本应使用“应付账款”科目，却故意使用“长期应付款”科目。

（2）出租不入账，截留收入。陶瓷厂本有门市房出租，但却未入账，从中截留租金收入，用于不正当开支。

（3）上述两项均是违纪行为，除进行严肃的教育外，还要给予处分。同时追缴非法所得，一并记入应记账户。

4. 账项调整

（1）将虚拟的利息和费用支出还其本来面目。调整分录为：

借：其他应收款　　20 000

　　贷：固定资产——生产用固定资产　　20 000

（2）将租金收入入账，并计算漏缴的营业税：

①借：其他应收款　　15 000

　　贷：其他业务收入　　15 000

②借：其他业务成本　　750

　　贷：应交税费——应交营业税　　750

案例十　虚构商誉

1. 审计线索

审计人员2010年年底在审查某名牌企业的“商誉”账户时发现，同年6月份该企业发生了一笔商誉作价50万元的经济业务，其账务处理为：

借：商誉　　500 000

　　贷：实收资本　　500 000

商誉只有在企业之间发生合并时才计价入账，被审计单位有无合并行为？其计价是否合理？审计人员决定对被审计单位作进一步的审查。

2. 线索追踪

审计人员首先审阅了“商誉”的明细账，并在商誉业务的账账、账证相互核对的基础上，进一步审阅、复核了“商誉”明细账和“实收资本”有关明细账，查明企业并未与任何单位合作。

3. 审计处理

企业虚构了商誉的价值，造成了企业无形资产虚增，实收资本不实。被审计单位应根据具体情况，进行账项调整，冲回虚增的资产。

4. 账项调整

（1）假定该企业尚未对商誉进行摊销，可作如下处理：

借：实收资本　　500 000

　　贷：商誉　　500 000

（2）假定该企业已经对商誉的价值进行了摊销，其摊销额为31 250元，则应作如下处理：

借：实收资本　　500 000

贷：累计摊销　　468 750

本年利润　　31 250

（3）按33%补提所得税：

借：所得税费用　　7 812.5

贷：应交税费——应交所得税　　7 812.5

案例十一　多摊无形资产价值

1. 审计线索

审计人员2011年2月在审查维康公司无形资产情况时，发现2010年12月以前各月无形资产摊销都是15 000元（经核实无误），而12月却摊销了150 000元。无形资产摊销应采用平均摊销法，12月却为何是平均月份的10倍？审计人员以此为线索和疑点，做了进一步的审查。

2. 线索追踪

审计人员通过审阅、检查“无形资产”、“管理费用”等明细账，并对无形资产的摊销情况进行了账账、账证核对，查明了问题。

原来，维康公司为了压低利润少交税金，有意多摊无形资产价值135 000元。

3. 审计处理

被审计单位应调整无形资产等账项，补交25%的所得税。

4. 账项调整

对此，被审计单位应作如下调整：

（1）调整无形资产的价值：

借：累计摊销　　135 000

贷：利润分配——未分配利润　　135 000

（2）补计税金：

借：利润分配——未分配利润　　33 750

贷：应交税费——应交所得税　　33 750

五、流动负债审计案例

案例一　利用短期借款个人牟利

1. 审计线索

审计人员在审查海力公司“短期借款——生产借款”使用情况时发现，该公司2011年6月12日贷款为71万元，存货合计为20万元，其他应收款为33万元。审计人员分析该公司的其他应收款占用比重过大，可能有非法使用或占用短期借款的行为。

2. 线索追踪

审计人员首先调阅了6月20日借入短期借款的第78号凭证，其记录为：

借：银行存款　　340 000

贷：短期借款——生产借款　　340 000

从所附的“入账通知”和“借款契约”两张凭证中看出，其借款期限为5个月。审计人员为追踪调查存款的去向，又审阅了银行存款日记账，结果发现6月25日206号凭证有一笔减少银行存款33万元的业务。调阅该凭证时，其账务处理为：

借：其他应收款——李小阳　　330 000

　　贷：银行存款　　330 000

其内容摘要为“汇给经贸公司货款”。经核实，以上凭证所记汇出款项，是该公司为职工垫付的40台空调款，李小阳是办理此项业务的负责人，全部货款由本年7月份至12月份陆续全部收回。

3. 审计处理

该公司为职工垫付的空调款，一方面违规占用了短期借款，另一方面由于未按规定用途使用借款，也增加了企业的财务费用。当审计人员向该公司有关人员提出上述问题时，他们承认了事实。被审计单位应将收回的垫付款归还借款，同时，对于已入账的借款利息应由职工负担（借款利息按借款占用时间计算，应负担1.2万元）。

4. 账项调整

对此被审计单位应作如下账项调整：

按规定向职工收取利息时：

借：其他应收款　　12 000

　　贷：财务费用　　12 000

案例二　签发无合同的商业承兑汇票

1. 审计线索

审计人员在审查东风公司“应付票据”明细账时，发现2011年11月26日第65号凭证上有一笔100万元的购货业务，而公司有关人员却不能提供有关合同记录。如此大额业务，怎么会无合同？审计人员怀疑其汇票真实性，并决定对该业务进行追踪审查。

2. 线索追踪

审计人员调阅了11月26日第65号凭证，发现其账务记录为：

借：银行存款　　1 000 000

　　贷：应付票据——甲单位　　1 000 000

凭证附件为进账单一张，借甲单位生产周转款的收据一张，以及公司签发并承兑的商业汇票一张，汇票利率为20%。

3. 审计处理

从原始凭证分析，这是一张虚假的汇票，被审计单位以签发商业汇票为名隐饰从甲单位借款的问题。按规定，向其他单位借入的资金应通过“短期借款”反映，所以被审计单位应该调整有关账务。

4. 账项调整

被审计单位对此应作以下账项调整：

借：应付票据——甲单位　　1 000 000

　　贷：短期借款——甲单位　　1 000 000

案例三　利用应付账款　隐匿销售收入

1. 审计线索

2011年初，审计人员在审查友谊公司“产品销售收入”账户时，发现公司2010年末产品销售收入下滑幅度较大，但据审计人员了解公司下半年销售正值旺季。为什么会出现这种异常情况呢？审计人员怀疑该单位利用“应付账款”账户隐匿收入。

2. 线索追踪

审计人员认真查阅了2010年10月、11月与12月的“应付账款”明细账，并分别将本市三家债务上升比较大的客户的有关记录进行了详细审查，发现以下账务处理：

借：银行存款　　1 228 500

　贷：应付账款——A公司　　175 500

　　　　　　　——B公司　　585 000

　　　　　　　——C公司　　468 000

其所附的原始凭证均为银行进账单，以及分别向三家公司开具的购货发票。

3. 审计处理

被审计单位利用往来账隐匿收入，不仅偷漏了增值税，同时也人为地压低了利润数额，少缴了所得税。被审计单位对上述问题供认不讳。被审计单位除应调整有关账户，调整利润，补交增值税和所得税外，建议还应对有关责任人进行相应处罚。

4. 账项调整

被审计单位应作如下账项调整：

（1）调整利润，计算流转税：

借：应付账款——A公司　　175 500

　　　　　　——B公司　　585 000

　　　　　　——C公司　　468 000

　贷：利润分配——未分配利润　　1 050 000

　　　应交税费——应交增值税（销项税额）　　178 500

（2）结转此项收入的产品销售成本，并计算所得税。

案例四　利用预收账款　截留收入

1. 审计线索

审计人员于2010年12月25日对新华公司该年度的“预收账款”进行审查时，发现5月10日第37号凭证上有一笔预收某公司货款10万元的业务，合同规定发出商品为8月20日，截至12月25日尚未结转。按规定，被审计单位预收的货款应在发出商品时确认商品销售收入，而该公司至审查日止尚未结转。因此，审计人员怀疑该公司有截留或不反映收入的问题。

2. 线索追踪

审计人员调阅了5月10日的第37号凭证，其分录为：

借：银行存款　　100 000

　贷：预收账款——某公司　　100 000

其原始凭证为进账单和合同各一份，合同发货期为8月20日。审计人员又审查了“库存商品”明细账，结果发现8月15日发出商品100件，每件成本800元。调阅原始凭证，承运单上注明了该批产品已发运该公司。其账务处理为：

借：应收账款——某公司 80 000

贷：库存商品 80 000

3. 审计处理

被审计单位采用预收货款的方式销售商品，在商品实际发出时未作销售收入处理，从而隐瞒了收入，偷漏了增值税和所得税。被审计单位对上述问题供认不讳。对此，被审计单位应将预收的货款转作收入处理，同时，调整成本、计算流转税和所得税。

4. 账项调整

被审计单位应作如下账项调整：

（1）借：预收账款——某公司 100 000

贷：商品销售收入 85 470

应交税费——应交增值税（销项税额） 14 530

（2）借：商品销售成本 80 000

贷：应收账款——某公司 80 000

（3）所得税的计算应在年末进行。

案例五　利用其他应付款　隐瞒收入和利润

1. 审计线索

审计人员于2011年2月10日在审查天和贸易公司2006年度财务收支时，在“其他应付款”中发现了一笔金额为128万元的大额业务，发生时间为2006年12月28日，往来单位为晓圆商场。这样一笔大额业务为何反映在此账户下，这两家单位到底发生了一笔什么性质的业务？审计人员决定进一步追踪审查。

2. 线索追踪

审计人员首先调阅了该笔业务的记账凭证，其账务处理如下：

借：银行存款 1 280 000

贷：其他应付款——晓圆商场 1 280 000

所附的原始凭证为向晓圆商场开具的销售发票及仓库开具的“产品出库单”。然后，审计人员又向晓圆商场进行了查询，商场证实是向天和贸易公司购进一批货物。在上述事实面前，被审计单位有关人员才道出真相。原来该公司考虑到该年度已经完成了上级主管部门下达的2010年度的销售和利润计划，可以获得主管部门的有关专项拨款。同时，为了不加重2011年度的销售和利润计划等任务，便对上述业务于12月28日作了以上账务处理。同时，还申明公司已于2011年1月10日冲回了28万元，剩余的100万元留待以后转回。审计人员又调阅了1月10日的会计凭证，分录为：

借：其他应付款——晓圆商场 280 000

贷：商品销售收入 239 316.24

应交税费——应交增值税（销项税额） 40 683.76

3. 审计处理

天和贸易公司利用往来账隐瞒收入和利润，不仅偷漏了流转税及各附加税，同时也少纳了所得税。被审计单位除应调整有关账户，正确地反映利润外，还应补交增值税、各项附加费及所得税，并同时追究单位领导及有关人员的责任。

4. 账项调整

被审计单位的账务处理为：

分别按17%、7%、2%计算应交的增值税、城建税及教育费附加：

借：其他应付款——晓圆商场　　1 000 000.00

贷：应交税费——应交增值税（销项税额）　　145 299.15

——应交城建税　　10 170.94

——教育费附加　　2 905.98

——应交所得税　　277 735.90

利润分配——未分配利润　　563 888.03

案例六　管理不严　冒领贪污现金

1. 审计线索

审计人员在审查东兴公司2011年度“应付职工薪酬”账户时，发现“工资结算单”中王红7月、8月、9月连续3个月的工资均为张红代领，总计1 800元。审计人员怀疑其中有贪污现金的行为。

2. 线索追踪

审计人员从该公司人事部门的档案资料中发现，王红已于本年度6月25日调出本单位。同时，经查询得知，张红和王红原在同一车间。

3. 审计处理

该公司会计部门由于对工资管理不严，造成调出人员工资未注销，张红乘机冒领贪污的情况。而且，张红本人对此供认不讳。该公司有关部门除追回被冒领的工资外，还应对张红进行处罚。

4. 账项调整

会计部门追回被冒领的工资时，应作以下账项处理：

借：库存现金　　1 800

贷：生产成本　　1 800

案例七　违规超额分配利润

1. 审计线索

审计人员2011年1月5日对新华一厂进行审查时发现，2010年度该厂“应付利润”为10万元，但“未分配利润”借方却为5万元（即为未弥补的亏损）。按利润分配顺序的关系规定：企业在以前年度亏损未弥补前不能提取盈余公积；在提取盈余公积金之前，不得向投资者分配利润。所以，审计人员认为该厂有超额分配利润的可能。

2. 线索追踪

审计人员就新华一厂的情况向有关部门进行了询问。原来该厂为A、B两家公司经营，联营合同规定该厂每年向A、B两家公司分红5万元。经查有关账目，审计人员发现新华一厂2010年净利润仅为5万元，为了吸引A、B两公司继续投资，该厂决定超额分红。

3. 审计处理

新华一厂分配的10万元利润，违反了《公司法》和有关财务制度规定，这实际上是一种投资返还行为。同时，A、B 两家公司在投资设立新华一厂时制订的合同也是违反《公司法》的。对此，该厂领导承认了事实。鉴于该厂提出的应付利润方案尚未支付，该厂应严格按利润分配的顺序重新进行分配，即先提取盈余公积和公益金，然后再决定利润数额。

4. 账项调整

假定新华一厂按 10% 的比例提取法定盈余公积，按扣除法定盈余公积的 80% 分配利润，则有关账务应调整如下：

（1）补提法定盈余公积：

借：利润分配——提取盈余公积　　5 000

　贷：盈余公积　　5 000

（2）按规定分配利润：

应付利润 = （5 - 5 × 10%）× 80% = 3.6（万元）

则应调整的数额为：10 - 3.6 = 6.4（万元）

借：应付利润　　64 000

　贷：利润分配——向投资者分配利润　　64 000

案例八　以物易物　隐瞒收入

1. 审计线索

审计人员于 2011 年 1 月 20 日对新业公司（系集体商业企业）2006 年度的纳税情况进行审查时发现，公司当年 7 月记录有一笔从外市某公司赊进豆饼 1 240 吨，价款 1 240 000 元，直接发往某省农场，而后又从农场运回甘蔗 1 250 吨，用以抵付豆饼款的业务。这两笔业务该公司是否进行了正确的账务处理，是否计缴了有关的税金？审计人员决定实施进一步的审查。

2. 线索追踪

审计人员首先调阅了 2011 年 7 月 21 日第 32 号凭证，该公司对上述业务作了如下账务处理：

购进豆饼换甘蔗时：

借：应收账款——某农场　　1 240 000

　贷：应付账款——外市某公司　　1 240 000

收到甘蔗后，于当月全部销售给本市各农贸市场个体户，共取得销货款 1 875 000 元，除支付所欠豆饼款外，剩余 635 000 元全部转入应付福利费，其账务处理如下：

借：应付账款——外市某公司　　1 240 000

　贷：应收账款——某农场　　1 240 000

借：银行存款　　635 000

　贷：应付职工薪酬——应付福利费　　635 000

3. 审计处理

该公司采取以物易物，实现收入挂往来账户的手段隐瞒收入 3 115 000（1 240 000 + 1 875 000）元，隐瞒利润 541 550 元。根据有关法规规定，对其作如下处理：令其限期补交营业税 93 450（3 115 000 × 3%）元，所得税 178 712（541 550 × 33%）元，并处以相应罚款；同时将案件移送司法机关，追究有关人员刑事责任，并通知企业调整有关账项。

4. 账项调整

被审计单位应作如下账项调整：

（1）购入豆饼时：

借：库存商品　1 240 000

　贷：应付账款——某公司　1 240 000

（2）销售豆饼时：

借：应收账款——某农场　1 240 000

　贷：商品销售收入　1 240 000

（3）结转豆饼销售成本时：

借：商品销售成本　1 240 000

　贷：库存商品　1 240 000

（4）购入甘蔗时：

借：库存商品　1 240 000

　贷：应收账款——某农场　1 240 000

（5）销售甘蔗时：

借：银行存款　1 875 000

　贷：商品销售收入　1 875 000

（6）结转甘蔗销售成本时：

借：商品销售成本　1 240 000

　贷：库存商品　1 240 000

（7）结转销售收入时：

借：商品销售收入　3 115 000

　贷：利润分配——未分配利润　3 115 000

（8）结转销售成本时：

借：利润分配——未分配利润　2 480 000

　贷：商品销售成本　2 480 000

（9）计提营业税及所得税时：

借：利润分配——未分配利润　272 162

　贷：应交税费——应交营业税　93 450

　　　　　　——应交所得税　178 712

六、长期负债审计案例

案例一　长期借款使用不合理

1. 审计线索

审计人员于2011年7月5日在审查中兴公司本年度的“长期借款”账户时，发现该公司5月10日从银行借入了技改借款100万元，但在“在建工程”账户上却没有发现其增加数，而“银行存款日记账”的记录表明该笔借款已转出90万元。按规定，此项借款应按规定用途使用，所以，审计人员怀疑公司有不合理使用长期借款或非法从银行套取资金的现象。

2. 线索追踪

审计人员审查核对了4月、5月、6月份的会计报表，发现“长期股权投资”科目的数额出现了异常，5月份和6月份比4月份增加了90万元。审计人员对“长期股权投资”的明细账进行了详细审查，发现被审计单位进行了股票投资，即购买了股票90万元。当审计人员查询其资金来源时，有关人员称是从银行借入的技改贷款。

3. 审计处理

被审计单位虚设技改项目，从银行套取资金用于股票投资，违反了借款契约规定。被审计单位对此供认不讳。按中国人民银行《关于禁止银行资金违规流入股票市场的通知》的第六条规定，被审计单位应该立即出售股票，归还借款，并由企业的行政主管部门追究企业领导人的责任。

4. 账项调整

根据实际，公司应作以下账务处理：

（1）出售股票，假定取得价款为110万元，则：

借：银行存款　　1 100 000

　　贷：长期股权投资　　900 000

　　　　投资收益　　200 000

（2）归还借款：

借：长期借款　　1 000 000

　　贷：银行存款　　1 000 000

案例二　利用应付债券变相搞“福利”

1. 审计线索

审计人员2011年年底在审查兴达公司该年度“应付债券”账户时，发现公司于2011年1月1日发行了面值为20万元的公司债券，其明细账上列示：“应付债券——面值”20万元，“应付债券——利息调整（借方）”5万元。审计人员从账面上分析，该公司发行债券有严重损害公司利益的现象，并怀疑其中有违法的行为。

2. 线索追踪

审计人员首先调阅了发行债券的批文和章程，其中规定债券发行价款为20万元，期限为3年，利率12%，到期还本付息。然后，审计人员又审查了发行债券的有关凭证，其分录为：

借：库存现金　　150 000

　　应付债券——利息调整　　50 000

　　贷：应付债券——债券面值　　200 000

其附原始凭证全部为该单位内部的职工。

3. 审计处理

兴达公司利用应付债券，以折价的方式变相为职工谋福利，违反了债券发行的章程规定。同时，也增加了企业的利息费用，减少了所得税支出。对此，公司领导供认不讳。审计人员应责成该公司严格按章程规定发行债券，对于非法折价发行的部分应限期收回。同时将案件移交有关部门处理。

4. 账项调整

被审计单位将折价发行的部分收回时，应作如下账务处理：

借：库存现金　　50 000

　　贷：应付债券——利息调整　　50 000

案例三　利用长期应付款发放奖金

1. 审计线索

审计人员于2010年12月份在审查伟达公司“长期应付款”账户时，发现该年度1月5日第24号凭证上有一笔融资租入设备10万元，每月支付租赁费1万元的业务。至10月份止，租赁费已全部支付完毕。按理，长期应付款指的是超过一年或一个营业周期的应付款项，为何在一年内就已付讫？审计人员决定对该公司作进一步的审查。

2. 线索追踪

审计人员调阅了1月5日第24号凭证，其账务处理为：

借：固定资产——融资租入　　50 000

　　贷：长期应付款——A公司　　50 000

所附的原始凭证为“临时租入协议”。审计人员又对有关各期支付租赁费的业务凭证进行了审阅，发现其分录均为：

借：长期应付款——A公司　　10 000

　　贷：银行存款　　10 000

所附的原始凭证为支票存根和白条收据。其中在10月31日支付最后一笔租金时，该公司同时还作了以下账务处理：

借：管理费用——租赁费　　50 000

　　贷：固定资产——融资租入　　50 000

审计人员审查了上述有关原始单据和记录后，初步判断被审计单位有虚假融资行为。于是，审计人员决定进一步查明被审计单位和出租单位从中所得的好处费。在出租单位调查时发现，该单位从被审计单位取得的收入账上没有记录。审计人员又从被审计单位的开户银行查询了解到上述存款全部划到了新兴公司，而新兴公司则是被审计单位的下属分公司。新兴公司在收到支票后用现金返还给被审计单位。在大量证据面前，被审计单位终于承认了事实，供认并经审计人员核实，该公司已将返还的现金全部用于发放职工奖金。

3. 审计处理

被审计单位利用“长期应付款”，通过假融资的方式，伪造原始凭证，掩人耳目套取现金，严重地违反了《现金管理条例》，同时，增加了企业的费用，少计、少交了所得税。对此，审计人员应责成被审计单位将已发放给职工的奖金扣回，并补交所得税。而且按《现金管理暂行条例》第二十条第十一项的规定，对被审计单位套取现金的行为给予相应处罚。

4. 账项调整

根据上述要求，被审计单位应作如下调整：

（1）应收已发的奖金并调整费用：

借：其他应收款——职工 50 000

　　贷：管理费用——租赁费 50 000

（2）按25%补计所得税：

借：所得税费用 12 500

　　贷：应交税费——应交所得税 12 500

案例四　违规处理融资租入固定资产折旧

1. 审计线索

2011年1月份审计人员在审查信达股份有限公司2010年“长期应付款”明细账时，发现该公司6月初以融资租赁方式租入了一条生产线，按租赁协议确定的租赁价款为550万元。另外，公司还支付了运输费、安装调试费等共50万元。按租赁协议规定，租赁价款分5年于第二年起每年年初偿还。该生产线的折旧年限为5年，采用直线法计提折旧。租赁期满，该租赁资产转为信达公司所有。为查清公司对该融资租入资产的有关会计处理和会计科目选用的正确性，审计人员决定做进一步的审查。

2. 线索追踪

审计人员审阅了“在建工程”、“长期应付款”、“固定资产”明细账户，并进行了账证、账账核对，未发现异常。而在审查该项资产折旧的计提时，“制造费用”、“累计折旧”明细账上没有记录。当审计人员询问有关人员时，有关人员称，为了完成利润指标，第一年未付租金，所以也未计提折旧。

3. 审计处理

按规定，融资租入的固定资产，由于其实质上已将该资产所有利益和风险转移给了承租方，所以，会计核算中应将其按照自有固定资产的核算方法进行账务处理。第一年虽未支付租金，但仍应计提折旧，支付租金的方式，并不影响融资租入固定资产折旧的计提。该公司少提折旧、少计费用，其目的是为了完成利润指标。因此，被审计单位除应补提折旧外，还应调整有关账务。

4. 账项调整

（1）补提折旧（按半年提取）

借：利润分配——未分配利润 600 000

　　贷：累计折旧——融资租入固定资产 600 000

（2）按25%调整所得税：

借：应交税费——应交所得税 150 000

　　贷：利润分配——未分配利润 150 000

七、所有者权益审计案例

案例一　误将其他应付款记入资本公积

1. 审计线索

注册会计师李胜和国强根据中信会计师事务所和富为合资有限责任公司签订的业务约定书，制定了审计工作计划，并遵循该审计计划于2011年1月10日到15日，对该公司进行了审计。审计中审计人员发现该公司中方投入资本的账面记录为：

借：银行存款　　1 727 000

　贷：实收资本　　1 600 000

　　　资本公积　　127 000

为了防止偏差和遗漏，审计人员决定对该项业务做进一步的审查，以确定其真伪。

2. 线索追踪

审计人员首先调阅了该中外合资企业的合同、章程和相关的账簿得知：该合资企业中方投资额为200 000美元，合同约定的折合汇率为1美元折合8.00元人民币，中方投资以人民币于规定期限内分两次出资，出资的具体时间分别为2002年的5月1日和6月1日。中方按照合同约定于5月1日出资880 000元人民币，当日外汇牌价为＄1＝人民币8.00元，6月1日出资847 000元人民币，当日外汇牌价为＄1＝人民币8.30元，审计人员据此进行了复算结果是：

第一次投资由于当日外汇牌价和合同汇率相同，因而880 000元人民币折合美元为：

880 000/8.00＝110 000（美元）

第二次出资时，尚差90 000美元，按合同汇率8.00元计算折合人民币：

8.00×90 000＝720 000元（人民币）

但由于第二次出资时的市场汇率与合同汇率不同，按当时外汇牌价8.30元计算折合人民币为：

8.30×90 000＝747 000元（人民币）

因此，应计入资本公积的外汇差价为：

747 000－720 000＝27 000元（人民币）

应计入其他应付款的中方多付投资款为：

（880 000＋847 000）－（880 000＋747 000）＝100 000元（人民币）

3. 审计处理

该合资企业中方投资按合同规定按期出资，符合规定的出资方式，第一次出资880 000元人民币，折合110 000美元，第二次出资847 000元人民币，按合同汇率折合90 000美元后，尚余人民币127 000元，按当日外汇牌价即市场汇率折合90 000美元后，尚余人民币100 000元。因此，资本公积应为27 000元人民币（127 000－100 000），而按合同汇率折合多余的127 000元人民币，扣除27 000元人民币后多余的100 000元为中方多投入的货币资金，只能列作其他应付款，而不应列作资本公积。因此，该合资企业账务处理违反了《企业会计准则》规定的资本公积的确认原则，因而也不符合现行企业会计制度的规定。

4. 账项调整

根据被审计单位的账务实际，参照相关的法规及制度，经过与被审计单位交换意见后，审计人员认为应作如下账项调整：

借：资本公积　　100 000

　贷：其他应付款——中方　　100 000

案例二 误将股票溢价计入本年利润

1. 审计线索

审计人员依据既定的审计工作实施方案的安排，于2010年10月20～25日，对某股份有限公司本年度经济业务的合法性和效益性进行了审计。在审计过程中审计人员发现7月1日第5号记账凭证的会计分录为：

借：银行存款 1 164 000

贷：股本 1 000 000

本年利润 164 000

审计人员认为该会计分录有些异常，因为按常规无论什么情况，银行存款很难与股本和本年利润科目相对应。于是审计人员对该记账凭证所附的原始凭证进行了审核，经审核原始凭证合法，只是原始凭证上的经济业务和记账凭证上的会计科目不尽相符。于是审计人员决定对该笔经济业务做进一步的审查。

2. 线索追踪

审计人员依据上述记账凭证，与财务科的相关人员进行了面询。经过面询审计人员得知，该项业务是该公司委托东方证券交易所代理发行普通股100万股，每股面值1元。根据股东大会协议和双方签订的承包合同，每股发行价格为1.2元，发行手续费为发行收入的3%。于是审计人员对该项业务的相关数字进行了复算：

总收入=1 000 000×1.2=1 200 000（元）

手续费=1 200 000×3%=36 000（元）

纯收入=1 200 000－36 000=1 164 000（元）

资本公积=1 164 000－1 000 000=164 000（元）

经过复算审计人员发现，上述记账凭证中贷记“本年利润”科目是错误的。按财务会计制度规定应该贷记“资本公积”。带着这个问题，审计人员再一次向编制凭证的出纳进行询问，当问及为什么将高出面值的收入164 000元记入“本年利润”而不将其记入“资本公积”时，出纳说是领导的意图，为的是体现当期收益，赢得社会的好评，取信于领导。经向相关领导调查取证，证实出纳所述属实。

3. 审计处理

审计人员根据调查取证中掌握的审计证据，参照相关的审计依据，经过和被审计单位交换意见后，结论是：

（1）被审计单位为了个人或小集体的需要，置国家财务会计制度于不顾，随意使用会计科目，纯属舞弊行为。

（2）对被审计单位的财会人员进行严肃的批评教育，促其努力学习会计知识，增强照章办事的观念。

4. 账项调整

根据被审计单位的账务处理和财务会计制度的规定，建议作如下调整。

借：本年利润 164 000

贷：资本公积——股票溢价 164 000

案例三 错记资本公积和实收资本

1. 审计线索

审计人员按照审计局全年审计工作计划的安排，参照审计档案中的相关资料制定出了审计工作方案，并依据审计工作方案，于2010年10月10日至15日对市机床厂本年度的财务收支及其所反映的经济活动进行了审计。在审计过程中，审计人员发现7月份第20号凭证，记载着该企业接受投资的经济业务，其分录为：

借：固定资产　80 000

　贷：实收资本——齿轮厂　72 000

　　累计折旧　5 000

　　资本公积　3 000

审计人员认为企业接受投资一般不会形成资本公积，为了弄清接受投资经济业务的真实性和正确性，审计人员决定对该接受投资业务作进一步审查。

2. 线索追踪

审计人员首先与企业领导和相关科室的负责人座谈，了解有关联合经营的事宜，得知该企业原本是由两企业出资联营的，现为了扩大经营规模，又和市齿轮厂签订了联营协议，即齿轮厂按机床厂现有资产的一半投资，以后盈余均分。齿轮厂分两次出资，第一次是以固定资产出资，该固定资产原始价值80 000元，已提折旧8 000元，账面净值72 000元，双方协议价格为75 000元。该项经济业务就是审计人员所发现的市机床厂7月份的第20号凭证，会计人员认为原始价值是固定的，协议价高出净值的部分记入“资本公积”，按账面净值记入“实收资本”，将固定资产原值减去账面净值和资本公积的差记入“累计折旧”。同时，还了解到机床厂现有资本360万元，两年前刚建厂时是由合作双方各出资150万元，共300万元，现经过两年的经营已实现盈余60万元，据此要求齿轮厂出资180万元，减除固定资产72 000元，剩下的部分以货币资金出资，出资的时间是9月份，于是审计人员在9月份银行存款日记账中找到了该笔业务的分录，并根据记录的摘要找到了第12号记账凭证，该凭证的会计分录为：

借：银行存款　1 728 000

　贷：实收资本　1 728 000

当审计人员问及为什么实收资本账中无此记录，回答是漏登实收资本账。

3. 审计处理

审计人员根据调查取证掌握的审计证据，经和被审计单位交换意见后得出如下结论：

实收资本的确认不符合《企业会计准则》的要求，账务处理违反了财务会计制度的规定，这是因为：

（1）接受齿轮厂投资的固定资产原值80 000元，已提折旧8 000元，账面净值72 000元，双方协议价格75 000元，其会计分录应为：

借：固定资产　75 000

　贷：实收资本　75 000

而机床厂入账的分录却为：

借：固定资产　80 000

贷：实收资本 72 000

累计折旧 5 000

资本公积 3 000

因此，多记资本公积 3 000 元，少记实收资本 3 000 元。

（2）接受齿轮厂投入的货币资金 1 728 000 元的正确分录应为：

借：银行存款 1 728 000

贷：实收资本 1 425 000

资本公积 300 000

其他应付款 3 000

而齿轮厂入账的会计分录为：

借：银行存款 1 728 000

贷：实收资本 1 728 000

（3）综合上述两笔业务，机床厂实际比协议多收 3 000 元，因为应投 1 800 000 元，实投为：

1 728 000 + 75 000 = 1 803 000（元）

因此，该企业多记实收资本 303 000 元，从而少记资本公积 300 000 元，少记其他应付款 3 000 元。

4. 账项调整

（1）借：实收资本 3 000

贷：其他应付款——齿轮厂 3 000

（2）借：实收资本——齿轮厂 300 000

贷：资本公积 300 000

（3）借：累计折旧 5 000

贷：固定资产 5 000

案例四 随意冲减实收资本

1. 审计线索

审计人员根据既定的审计工作方案的安排，于 2010 年 12 月 8 日，对市属某工业企业本年度经济业务的合法性和效益性进行了审计。在审计过程中，审计人员发现 11 月第 15 号凭证上的会计分录为：

借：实收资本 58 000

贷：待处理财产损溢——待处理固定资产损溢 58 000

审计人员认为无特殊原因，一般不准冲减资本金，更何况减少“实收资本”的对应科目为“待处理财产损溢——待处理固定资产损溢”，为此，审计人员决定对该笔业务作进一步的审查。

2. 线索追踪

审计人员首先调阅了“待处理财产损溢”明细账，并依据明细账所记的日期和凭证号，调阅了 11 月份第 45 号记账凭证。该记账凭证上的会计分录为：

借：待处理财产损溢——待处理固定资产损溢 58 000

累计折旧　42 000

　　贷：固定资产　100 000

该记账凭证所附的原始凭证是固定资产盘亏报告单一张。报告单上明晰地记载着盘亏机器设备一台，该设备原始价值100 000元，已提折旧42 000元，经核对原始凭证的内容和金额与记账凭证的科目和金额相符。但盘亏是否真实，该业务报批后为什么冲减实收资本账户，带着这个问题，审计人员与财会科的相关人员及有关负责人进行了面询。经过面询证实固定资产盘亏业务属实，报批后冲减“实收资本”账户，是领导意图，为的是尽量使企业有些盈余，以便达到既定的目标。至于冲减“实收资本”一事，原本打算下半年初再恢复业务的本来面目，将固定资产盘亏造成的损失转入下一年度。

3. 审计处理

审计人员根据调查取证中掌握的审计证据，参照相关的审计依据，经过和被审计单位交换意见后，得出的结论是：被审计单位将固定资产盘亏造成的损失冲减“实收资本”账户，是一种故意违背财务会计制度规定的权宜之计，目的是为企业承包人涂脂抹粉，从而骗取荣誉和奖励的一种舞弊行为。因此，除对相关领导人批评教育外，还要对相关账户进行必要的调整，以便保证会计信息的正确性和可靠性。

4. 账项调整

根据被审计单位该笔经济业务的会计处理和财务会计制度的规定，审计人员提出应进行如下账项调整。

借：营业外支出　58 000

　　贷：实收资本　58 000

案例五　误将投资收益记入盈余公积

1. 审计线索

注册会计师李胜和国强，根据中信会计师事务所和翔宇机电公司签订的业务约定书，制定了审计工作计划，并遵循审计计划于2011年1月20日至25日，对该公司2010年12月31日的资产负债表、损益表和现金流量表进行了审计。在审计过程中，审计人员发现该公司“盈余公积”总账下任意盈余公积明细账贷方有一笔记录，摘要为“收到股利收入”，金额为250 000元的经济业务，审计人员认为股利收入不可能形成盈余公积，怀疑其有错列盈余公积的情况，于是决定对该笔业务做进一步的审查。

2. 线索追踪

审计人员首先调阅了盈余公积账，并依据账中摘要调阅了2010年12月2日第4号记账凭证，该凭证记载的会计分录为：

借：银行存款　250 000

　　贷：盈余公积　250 000

审计人员将记账凭证和原始凭证进行核对，结果金额相符，再认真审核原始凭证，发现所附原始凭证为银行收款通知单，通知单记录的对方付款理由为年末分派股利。据此审计人员又调阅了该公司的对外投资账簿，又经过向该公司的领导和相关科室负责人询问，确定该公司确有对外长期股权投资的对外投资。后又找财会人员询问该笔业务，财会人员的回答是分录上记载的250 000元实质就是收到的股利，当时认为是资本的增值，所以就记入了盈余公积账户，没有其他什么目的，不然的话摘要就不能直接写上收到股利。当问及是否还有此类情况时，回答说仅此一笔，审计人员经认真核对相关账目和报表，证明所述情况属实。

3. 审计处理

审计人员认为股利收入按照《企业会计准则》和企业会计制度的规定，应记入投资收益账户。而该企业却将其记入盈余公积，但由于是对该业务不熟悉把握不准，又没有深究所至，纯属账户使用中的错误，但该过失错误的发生直接影响到利润总额和所得税的缴纳以及会计信息的正确性。因此，要对错用的账户进行调整，以保证会计信息的正确性。同时还要对财会人员进行会计知识和财经法规的教育，令其不断更新知识，以保证不再发生错列账户等情况。

4. 账项调整

由于审查是在2011年，而经济业务发生却在2010年，因此，已无法对2010年的相关账户进行调整，只能通过“以前年度损益调整”科目来进行。具体的调整分录为：

（1）冲减多列的盈余公积250 000元：

借：盈余公积——任意盈余公积　　250 000

　　贷：以前年度损益调整　　250 000

（2）计算漏缴的所得税，税率为25%：

250 000×25% =62 500（元）

借：以前年度损益调整　　62 500

　　贷：应交税费——应交所得税　　62 500

（3）补提盈余公积金和公益金：

（250 000 − 62 500）×10% =18 750（元）

借：以前年度损益调整　　18 750

　　贷：盈余公积——法定盈余公积　　18 750

（4）调增分配利润：

250 000 − 62 500 − 18 750 = 168 750（元）

借：以前年度损益调整　　168 750

　　贷：利润分配——未分配利润　　168 750

案例六　误将赔款收入列作盈余公积

1. 审计线索

审计人员接受审计任务后，按照既定的审计工作实施方案的安排，于2011年1月18日~25日对某企业2010年度的资产、负债、损益和现金流量情况进行了审计。在审计过程中，审计人员在对该企业上年度12月份的利润分配进行复算时发现，12月份盈余公积贷方发生额比应提数额多10 000元。于是审计人员调阅了该企业盈余公积账，发现12月6日有一笔贷记“盈余公积”10 000元的经济业务。为了弄清该笔经济业务的真实情况，审计人员决定做进一步的审查。

2. 线索追踪

审计人员依据盈余公积账上的日期和凭证号，调阅了记载该项业务的记账凭证。记账凭证列示的会计分录为：

借：银行存款　　10 000

　　贷：盈余公积　　10 000

经对原始凭证进行认真的审核发现，该记账凭证所附的原始凭证是一张银行收款通知单，理由是违约赔款。于是，审计人员对该项业务作了进一步调查取证，证实该10 000元确是赔款。而该企业为什么将其记入“盈余公积”的贷方？带着这个疑问，审计人员与财务科的相关人员进行了面询。财务科的相关人员交待说：企业为了逃避所得税和增强企业后劲，故意将其记入“盈余公积”的贷方。

3. 审计处理

审计人员根据被审计单位处理的实际，参照相关的审计依据，经和被审计单位交换意见后，认为这是一种明知故犯的舞弊行为。因此，除对相关人员进行批评教育外，还要对相关账户进行调整，保证会计信息的真实和可靠。

4. 账项调整

（1）冲减误记的盈余公积：

借：盈余公积　　10 000

　　贷：以前年度损益调整　　10 000

（2）计算应补交的所得税，税率为25%：

10 000×25%＝2 500（元）

借：以前年度损益调整　　2 500

　　贷：应交税费——应交所得税　　2 500

（3）计算应补提的盈余公积：

（10 000－2 500）×10%＝750（元）

借：以前年度损益调整　　750

　　贷：盈余公积——一般盈余公积　　750

（4）调增未分配利润：

10 000－2 500－750＝6 750（元）

借：以前年度损益调整　　6 750

　　贷：利润分配——未分配利润　　6 750

案例七　搞错利润分配顺序　从而少记盈余公积

1. 审计线索

审计人员按市审计局的安排意见，制定了审计工作方案，并依据审计工作方案于2011年2月5日至10日，对市水泥厂2010年度的经济业务进行了审计。在审计过程中，审计人员对该厂的所有者权益进行了重点审计。该厂2010年实现净利润100 000元，发生滞纳金1 000元，但提取盈余公积的会计分录为：

借：利润分配——提取盈余公积　　7 350

　　贷：盈余公积——法定盈余公积　　7 350

审计人员认为按净利润计算的应计提的盈余公积与该企业实际提取数不相符，于是决定做进一步的审查。

2. 线索追踪

审计人员对本年净利润进行了复算，证明净利润的数额是正确的。又对利润分配账户进行了审核，发现该企业在未提取盈余公积前，已向投资者分配了利润50 000元，经再一次复算与审核，证明该企业提取的盈余公积基数是49 000元，计算过程是：

100 000 - 1 000 - 50 000 = 49 000（元）

审计人员就此向财会人员进行了询问，财会人员承认没有更好地把握利润分配的顺序，先向投资者分配利润，后提取的盈余公积，但没有什么不良企图，纯属过失。

3. 审计处理

根据被审计单位账务处理的实际，经和被审计单位交换意见后，结论如下：

（1）向投资者分配利润的数额，符合协议规定，但分配顺序不对，因而少提取盈余公积7 500元，虚增未分配利润7 500元。

（2）此错账虽非舞弊，但影响到了会计信息的正确性，因此，应进行账项调整，减少未分配利润，增加盈余公积。

（3）对财会人员进行政策法规教育，强调照章办事的重要性，加强业务学习，保证会计信息的正确性。

4. 账项调整

由于少提盈余公积金只涉及未分配利润，不涉及所得税等其他项目，因此，审计人员建议作如下审计调整：

借：利润分配——未分配利润　　7 500

　　贷：盈余公积——法定盈余公积　　7 500

案例八　用未分配利润发放奖金

1. 审计线索

审计人员接受审计任务后，参照相关的资料编制出完整的审计工作方案，并依据审计工作方案的安排，于2010年12月15日～20日，对某工业企业本年度经济业务的合法性和效益性进行了审计，发现一笔特殊的会计分录，即：

借：利润分配——未分配利润　　100 000

　　贷：应付利润——职工　　100 000

审计人员认为这种分录属不正常业务，不是过失错误就是舞弊行为，于是审计人员决定作进一步的调查取证。

2. 线索追踪

审计人员首先详细地审阅了上述会计分录所附的原始凭证。发现原始凭证是自制的奖金分发明细表。为此，审计人员分别找财会部门的相关人员面询后得知：年底企业资金紧张，但又怕影响职工的积极性，于是按有关领导的意图，就用未分配利润发放了奖金。

3. 审计处理

审计人员根据被审计单位账务处理的实际，参照相关的审计依据，经和被审计单位交换意见后，认为这是一种舞弊行为。因此，除进行批评教育外，还要进行相应的账项调整。

4. 账项调整

借：应付利润——职工　　100 000

　　贷：利润分配——未分配利润　　100 000

八、成本与费用审计案例

案例一　虚列管理费用

1. 审计线索

审计人员在对某企业2010年度财务收支进行审计时，发现该企业“管理费用”本年度支出数比上年有较大幅度增加，而企业的产品产量、销售收入不仅没有增加，反而有所下降，是什么原因？审计人员决定将该企业的“管理费用”列为重点项目进行审查。

2. 线索追踪

审计人员首先对“管理费用”明细账进行了审阅，将本年度一些支出金额较大的项目与上年度该项目支出数进行对比，结果发现管理费用中的“水电费”项目支出金额比上年增加20万元。审计人员又调阅了本年度有关水电费支出的凭证，未发现记账凭证上的账务处理有错误，所附原始凭证也没有问题，审计人员遂又列表进行对比分析（见表3－20）。

表3－20　水电费对比分析表

部　门	耗　用　数　量					
	电（度）			水（吨）		
	本　年	上　年	差　额	本　年	上　年	差　额
基本生产车间	62 040	63 960	－1 920	10 681	11 200	－519
管理部门	274 021	6 450	267 571	141 870	12 700	129 170
在建工程	396	458	－62	103	160	－57
合　计			265 589			128 594

从对比分析表中可以看出：本年与上年相比，电多耗用265 589度，其中基本生产车间耗用减少1 920度，在建工程耗用减少62度，而管理部门耗用增加了267 571度，按每度电0.5元计算，多出费用133 785.50元；水多耗用128 594吨，其中，基本生产车间耗用减少519吨，在建工程耗用减少57吨，而管理部门耗用增加129 170吨，按每吨水0.8元计算，多出费用103 336元。管理部门本年耗用水电费共计高于上年20多万元。针对查证结果，审计人员询问了企业财务主管，在事实面前，他承认为了减少企业经营利润，少交所得税，将属于职工个人负担的水电费列入了管理费用的事实，这样也变相给职工发放了福利补贴。

3. 审计处理

被审计单位将应属于职工个人负担的水电费，计入了企业期间费用，虚减了利润，漏交了所得税，这种做法违背了《企业会计准则》中规定的会计核算的“真实性”原则和收入、费用“配比原则”，同时也违背了《会计基础工作规范》中的有关规定，对其错误做法应予以纠正，并对本年利润进行调整。

4. 账项调整

（1）调整当年利润：

借：其他应收款　　237 121.50

　　贷：应交税费——应交所得税　　78 250.10

　　　　利润分配——未分配利润　　158 871.40

（2）按净收益的10%提取盈余公积，50%给投资者分配利润：

借：利润分配——未分配利润　　95 322.84

　　贷：盈余公积——法定盈余公积　　15 887.14

　　　　应付利润　　79 435.70

案例二　利用工作之便　将生产用材料据为己有

1. 审计线索

审计人员于2010年年末对大华工程机械厂进行经济效益审计，在对产品成本的真实性、合法性、合理性的审查中，发现在本年2月15日有一笔领料业务。生产成本明细账记录领用的数量为20吨，而基本生产车间保留的领料单记录的数量为2吨，是人为还是笔误？审计人员决定继续审查。

2. 线索追踪

审计人员到材料仓库进行查证核对，证实2月15日车间领料员徐某领用钢材是20吨，又到车间核查，据生产工人讲车间2月15日实际收到钢材确实是2吨，相差18吨。在查这18吨的钢材的去向时，群众反映，车间领料员徐某年初家里建房，用了不少钢材。审计人员断定，徐某是利用自己工作之便，以生产用的名义多领用钢材18吨，为自己家里建房之用。审计人员根据掌握的证据，找徐某谈话。在事实面前，徐某供认其利用企业内部控制制度不严，领料单无编号，将领料单分开填写，贪污钢材的事实。

3. 审计处理

该单位车间领料员徐某利用工作之便，拿公物据为己用，其行为已构成贪污罪，应移交司法机关处理；对于贪污的钢材，应全额退赔，多计入产品成本的材料费用36 000元（2 000×18），应进行账项调整。

4. 账项调整

（1）如果产品尚未完工，应冲减生产成本：

借：其他应收款　　36 000

　　贷：生产成本　　36 000

（2）如果产品已完工入库，则应冲减产成品成本：

借：其他应收款　　36 000

　　贷：库存商品　　36 000

案例三　转移超支招待费

1. 审计线索

审计人员按计划对中华公司进行年终所得税汇算，该单位全年取得销售收入为1 485万元，按照国家规定的业务招待费的扣除标准，该单位应扣除7.425万元，而在该单位“管理费用”明细账中列支的全年业务招待费是7.42万元，与规定标准相差无几，是人为还是巧合？这引起了审计人员的注意，并决定做进一步查证。

2. 线索追踪

审计人员调阅了该单位本年度的所有的期间费用明细账。在“销售费用”明细账中，发现有五笔支付“会务费”的记录，随后又调出反映这五笔业务的有关凭证，在记账凭证中，列出的会计分录均为：

借：销售费用

　　贷：银行存款（或现金）

所附原始凭证不是餐费发票就是烟、酒发票，很显然属业务招待支出，这五笔费用共计16 983元。审计人员根据结果，询问了该单位会计，他承认为掩盖业务招待费超支，使单位少交所得税，将业务招待费的超支部分记入了“销售费用”的事实。

3. 审计处理

按照《企业所得税法》的规定：“纳税人发生与生产、经营有关的业务招待费，由纳税人提供确实记录或单据，在规定的限度内准予扣除；超出限度部分，只能在所得税后列支”。该单位为掩盖业务招待费超支，少交所得税，故意将业务招待费的超支部分记入销售费用，这种做法违反了《企业会计准则》中规定的会计核算“真实性”原则，应予以纠正。

4. 账项调整

因为年终已结账，并且“销售费用”与“管理费用”均记入当期损益，所以不影响企业会计计算的利润额，计算所得税时只进行纳税所得额的调整即可。

案例四　产品耗用的动力费记入管理费用

1. 审计线索

审计人员2010年11月份对某企业进行经济效益审计。在查阅企业产品成本的合规性、合法性时，发现该企业从本年度5月份开始，产品成本有明显下降，再进一步查阅生产成本明细账，进行成本项目的对比分析，从中看出，从本年5月份起，产品成本中没有外购动力费用，而在5月份之前，外购动力费用是构成产品成本的主要项目，这引起了审计人员的注意。

2. 线索追踪

审计人员调阅了本年度构成产品成本的有关凭证，从中发现该企业在5月份之前，发生的外购动力费用都是根据计量仪器显示的耗用数量及规定单价，编制外购动力费用分配表，见表3－21。

表3－21　外购电费分配表

2010年4月30日　　单价0.5元/度

部　门	用电度数	分配金额
一车间	15 600	7 800
二车间	13 200	6 600
辅助生产车间	27 000	13 500
管理部门	8 900	4 450
福利部门	190	95
在建工程	5 400	2 700
合　计	70 290	35 145

根据“外购电费分配表”做会计分录为：

借：制造费用——一车间 7 800

——二车间 6 600

——辅助生产车间 13 500

管理费用 4 450

应付职工薪酬 95

在建工程 2 700

贷：应付账款——供电局 35 145

从本年5月份外购动力费用没有再给产品成本分配，而是全部计入了管理费用。通过查询计算，该企业从5月份起到10月份止，产品成本中少计动力费用83 600元。根据查证结果，审计人员询问了财务负责人，他承认为了完成企业产品成本计划指标，将应由产品成本负担的电费记入管理费用的事实。

3. 审计处理

该企业为了完成产品成本计划指标，将应由产品成本负担的电费，记入了管理费用，这样做，造成企业成本不实，期间费用增大，利润虚减，缓交了所得税，严重违反了国家财经法规和财务制度，责令其予以纠正，对错列的成本费用，应进行账务调整。

4. 账项调整

借：库存商品 83 600

贷：本年利润 83 600

并做出补交所得税的账务处理。

案例五 随意改变制造费用的分配比例 调节可比产品成本

1. 审计线索

某机床厂生产A、B两种型号的机床，其中A机床是可比产品，属计奖考核范围，而B机床是不可比产品，不属计奖考核范围。审计人员在对该机床厂进行产品成本审计时，发现A机床产品成本较上年明显下降，且下降幅度较大。A机床成本的下降，引起了审计人员的怀疑。

2. 线索追踪

审计人员首先对A机床本年成本与上年成本进行了比较分析，结果发现，A机床成本项目中制造费用较上年下降不少，继而又查阅了A、B两种机床的技术资料和统计数据。经核实，制造费用在A、B两种机床之间的分配比例应该为1:0.4，而在实际分配中，也就是在“制造费用分配表”中反映的分配比例为1:0.8。该企业本年截至审计时止，共发生制造费用196 300元，按1:0.4比例分配，A机床应分配140 214元，B机床应分配56 086元。而实际分配是：A机床分配109 056元，B机床分配87 244元，因此，A机床少分配制造费用31 158（140 214 - 109 056）元，这样，把可比产品应负担的制造费用转给了不可比产品，A产品完成了成本考核任务，企业发放奖金3 000元。

3. 审计处理

该企业为完成A机床考核任务，达到发放奖金的目的，擅自更改制造费用分配系数，造成成本不实，这种做法违反了《企业会计准则》中规定的会计核算的“真实性”、“一贯性”原则。审计人员根据掌握的证据向该企业会计主管人员和企业领导提出问题后，主管人员承认是故意所为，同意对已发放的奖金，予以收回。

4. 账项调整

因A、B产品已完工入库，被审计单位应作如下调账处理：

借：库存商品——A机床　　31 158

　　贷：库存商品——B机床　　31 158

同时要追回已发放的奖金。

案例六　在产品约当量不准　少计在产品成本

1. 审计线索

某会计师事务所接受委托，于2010年7月1日对海河工厂的产品成本进行审计，在审计中发现，该企业6月份新投产的A产品，在产品成本的计算上有问题。

2. 线索追踪

审计人员查阅了A产品的生产工艺、技术等资料，得知该产品所耗原材料是生产开始时一次投入，其他费用陆续发生。又对该产品的“生产成本明细账”和有关会计凭证进行复算核对，6月份A产品投产1 500件，完工250件，月末在产品1 250件，月末在产品的完工程度为60%。该企业6月份编制的“A产品与完工产品成本分配表”如表3－22。

表3－22　A在产品与完工产品成本分配表

2010年6月30日

项　目	费用总额	在产品约当量	完工数量	费用分配率	在产品成本	完工产品成本
直接材料	187 800	1 250×60%＝1 000	250	187 800/（250＋1 000）＝150.24	150 240	37 560
直接工资	10 741	1 250×60%＝1 000	250	10 741/（250＋1 000）＝8.593	8 593	2 148
其他直接支出	1 222	1 250×60%＝1 000	250	1 222/（250＋1 000）＝0.978	978	244
制造费用	13 958	1 250×60%＝1 000	250	13 958/（250＋1 000）＝11.166	11 166	2 792
合　计	213 721				170 977	42 744

从该企业的“A在产品与完工产品成本分配表”中可以看出，A产品在分配原材料费用中存在错误，因为A产品的原材料费用是生产开始时一次性投入，在计算在产品应分配的材料费用时，在产品的数量不应该按完工程度约当，而应与完工产品一样平均分配材料费用。其正确的计算结果见表3－23。

表3－23　A在产品与完工产品成本分配表

2010年6月30日

项　目	费用总额	在产品约当量	完工数量	费用分配率	在产品成本	完工产品成本
直接材料	187 800	1 250	250	187 800/（250＋1 250）＝125.2	156 500	31 300
直接工资	10 741	1 250×60%＝1 000	250	10 741/（250＋1 000）＝8.593	8 593	2 148
其他直接支出	1 222	1 250×60%＝1 000	250	1 222/（250＋1 000）＝0.978	978	244
制造费用	13 958	1 250×60%＝1 000	250	13 958/（250＋1 000）＝11.166	11 166	2 792
合　计	213 721				177 237	36 484

审计人员根据复算的结果和取得的有关证据，向被审计单位会计人员提出问题，会计人员承认A产品由于是新投产的产品，对其工艺流程不太熟悉，再加上工作的疏忽，致使在产品成本的计算出现了错误。

3. 审计处理

该企业在计算A在产品成本时，由于工作疏忽，使材料费用在完工产品和在产品之间分配不正确，6月份A在产品少计成本6 260元，审计人员责令被审计单位予以纠正。

4. 账项调整

借：生产成本——A产品　　6 260

　　贷：库存商品——A产品　　6 260

案例七　没有正确划分各种产品成本的界线

1. 审计线索

某审计局根据年度工作计划，于2011年10月派出审计小组对某国有企业产品成本的真实性、合规性进行审查。审计小组在审查中发现，该企业生产的A006B产品和A002D两种产品的性能销售单价不一样，而两种产品计算出的成本数额完全一致。审计人员怀疑企业在产品成本计算上面存在问题。

2. 线索追踪

审计人员首先对这两种产品的生产工艺进行了了解。这两种产品都是大批量单步骤生产，其中A006B产品生产机械化程度较高，A002D产品生产机械化程度稍低。审计人员又对两种产品的计算方法进行了审查，该企业对这两种产品采用的成本计算方法是品种法，也就是按品种设置生产成本明细账，计算产品成本。经审查，该企业采用的成本计算方法没有问题。审计人员继而又对这两种产品的生产成本明细账及有关会计凭证进行了查证，结果发现，生产费用在这两种产品之间的分配，采用的都是平均分配的方法，而实际上，这两种产品由于机械化程度的不同，在耗用工时、费用等方面存在差别。A006B产品机械化程度高，耗用工时少，工资费用就低，而A002D产品机械化程度低，耗用工时多，工资费用就高。该企业将发生的费用采用平均分配的方法计入两种产品成本，显然是不正确的。审计人员根据查证结果，对该企业财务负责人和成本核算员提出了问题，他们承认为了简化核算，图省事，采用平均分配费用的方法来计算两种产品成本是错误的，同意纠正。

3. 审计处理

该企业在产品成本计算中，采用平均分配的方法，分配生产费用，因此计算出的产品成本不准确，违反了我国成本管理的有关规定，同时也违反了《会计基础工作规范》第二十条"会计人员应当按照会计法律、法规和国家统一会计制度规定的程序和要求进行会计工作，保证所提供的会计信息合法、真实、准确、及时、完整"。对其错误做法应予以纠正。

4. 账项调整

由于涉及企业征税费用的分配方法问题比较复杂，所以对审计前的账项不需调整，今后按正确方法分配生产费用即可。

案例八　虚构经营费用合伙贪污公款

1. 审计线索

内部审计人员对集团公司所属华鹤药店上年财务报表进行审计，审计人员重点审阅该药店的费用支出账目，检查药店的费用支出是否合理、合规。经审阅2011年5月份“经营费用”账户下“包装费”明细账时，审计人员对5月份83号记账凭证所记的3 000元包装纸款引起了注意，因为在精确程度上不太正常。审计人员将记账凭证及所附的原始凭证调出，记账凭证上的会计分录是：

借：经营费用——包装费　　3 000

　贷：备用金——段超　　3 000

原始凭证为一张发货票，如下所示：

××供销社综合门市部发票

品　名	单　位	数　量	单　价	金　额
50克书写纸	板	6	500	3 000
金额大写	人民币叁仟元整			

2. 线索追踪

根据上述会计凭证所反映的内容，审计人员认为有以下几点不正常：

（1）按财务制度规定，3 000元的费用支出超出了银行现金结算起点，应以银行转账结算，该企业却使用现金结算（备用金实际上也是现金）。

（2）据调查了解，该供销社门市部从未销售过白纸，即使偶然销售，也不会有上述所注明的以“板”为单位，而应以“令”为单位。

（3）单价500元从精确度上讲不正常，总额3 000元也就不正常。

（4）华鹤药店包药一般以塑料袋为主，即使用纸包装，一般也都用黑草纸，而不用白书写纸。

根据上述线索，审计人员进行追踪查证工作。审计人员通过调查询问，了解到备用金明细账中的段超系该店出纳，该出纳以收购药品为名列支上述3 000元包装费并于前一天从银行支取现金3 000元，并作了如下账务处理：

借：备用金——段超　　3 000

　贷：银行存款　　3 000

审计人员又向药店保管员了解到，5月份他们未收到过6板白纸。审计人员后来到销售单位××供销社综合门市部调查，他们证明门市部从未销售过白纸，后经他们辨认笔迹，认为发票是该门市部一个与华鹤药店关系甚好的营业员王某所开。审计人员以此发票询问该营业员，王某说明是华鹤药店经理让其开出的一张假发票。

再次询问被查单位的经理、会计、出纳等人，终于查清事实真相。原来是他们通过关系，从××供销社综合门市部开出假发票，利用经理批示、出纳报销手段，乘管理混乱之机，套取现金进行私分。共计私分现金35 000元，经理15 000元，会计10 000元，出纳10 000元。可见此问题属于合伙贪污。

3. 审计处理

审计人员将审计的结果报集团公司领导，并提请公司作出相应处理决定。集团公司决定将上述责任人调离原岗位，每人所私分的款项全额追回，并处以每人1 000元的罚款，限期上缴。

4. 账项调整

（1）对于追回的贪污款，作如下处理：

借：库存现金 35 000

贷：经营费用（或本年利润） 35 000

（2）上述账务调整的贷方若是“本年利润”账户，对此笔利润还应进行分配，对于3 000元的罚款收入，作如下账务处理：

借：库存现金 3 000

贷：营业外收入 3 000

（3）上述两笔会计分录可以合并为：

借：现金 38 000

贷：经营费用（或“本年利润”账户） 35 000

营业外收入 3 000

九、收入和利润审计案例

（一）收入审计案例

案例一 主营业务收入不按规定的确认时间入账

1. 审计线索

甲企业在2010年10月份与乙企业签订预收货款的销售合同，在该合同中规定：先由乙企业预付给甲企业货款及增值税共计549 900元。其中，2010年11月预付219 960元，12月份补付274 950元，2011年1月补付54 990元。由甲企业向乙企业提供机床10台，其中2010年12月6台，2011年1月份4台。甲企业增值税税率17%。上述业务发生后，甲企业的账务处理如下：

（1）2010年11月预收款项时：

借：银行存款 219 960

贷：主营业务收入 188 000

应交税费——应交增值税（销项税额） 31 960

（2）2010年12月收到款项时：

借：银行存款 274 950

贷：主营业务收入 235 000

应交税费——应交增值税（销项税额） 39 950

（3）2011年1月份收到款项时：

借：银行存款 54 990

贷：主营业务收入 47 000

应交税费——应交增值税（销项税额） 7 990

2. 线索追踪

根据以上审计线索，审计人员根据销售合同的规定，审阅了与该项业务有关的“银行存款”、“主营业务收入”及“应交税金”等明细账户，抽查了有关会计凭证，验算了有关的销售收入与增值税额。

（1）验算2010年12月份的主营业务收入及应交的增值税额：

$$主营业务收入=6\times\left(\frac{549\ 900}{1+17\%}\div 10\right)=282\ 000（元）$$

$$增值税额=282\ 000\times 17\%=47\ 940（元）$$

（2）验算2011年1月份的销售收入及应交的增值税额：

$$主营业务收入=4\times\left(\frac{549\ 900}{1+17\%}\div 10\right)=188\ 000（元）$$

$$增值税额=188\ 000\times 17\%=31\ 960（元）$$

3. 审计处理

（1）该企业2010年11月份虽然预收货款219 960元，但本月份却未发货，预收的款项只能记入“预收账款”账户，不能记入“主营业务收入”账户188 000元和“应交税费”账户31 960元。

（2）该企业2010年12月份发货6台，应结转主营业务收入282 000元，增值税47 940元，实际少结转主营业务收入47 000元及增值税额7 990元。

（3）2011年1月销售4台，应结转主营业务收入188 000元，增值税额31 960元，实际少结转主营业务收入141 000元及增值税额23 970元。

4. 账项调整

（1）应将该企业2010年多记的主营业务收入141 000（188 000－47 000）元和增值税额23 970（31 960－7 990）元予以调整。调账分录如下：

借：以前年度损益调整　　141 000
　　应交税费——应交增值税（销项税额）　　23 970
　　贷：预收账款　　164 970

（2）应将2011年1月份少记的主营业务收入141 000元和增值税额23 970元，予以补记。调账分录如下：

借：预收账款　　164 970
　　贷：主营业务收入　　141 000
　　　　应交税费——应交增值税（销项税额）　　23 970

案例二　虚增主营业务收入

1. 审计线索

审计人员在审查某钢铁厂销售发票时，发现某年12月31日售给金属材料公司钢材500吨，每吨售价1 500元，销售收入共计750 000元，以应收账款入账。但检查当时库存产品时，并没有这么多的钢材。经向金属材料公司查询，证实交货和货款结算都是第二年年初进行的。

2. 线索追踪

根据以上审计线索，审计人员运用审阅法审阅了“主营业务收入”、“库存商品”等明细账，核对有关账目，抽查有关凭证，盘点产成品数量，并向被审计单位内外有关人员查询证实相应的问题。

3. 审计处理

该企业账面上年末销售产品500吨，其销售收入750 000元全部以应收账款入账，而成品库中当时没有这么多产成品。对此，审计人员结合产成品明细账、应收账款明细账进行检查，确定是否属于虚构销售收入。由于该项业务发生在年末，有两种可能：一是为了年终增加销售收入和利润的目的；二是为了扩大本期销售而将下年初销售业务提前入账。因此，审计人员还应检查下年初是否有退货业务，并核对退货的入库凭证和退给对方货款取得的收据，以确定问题的真相。

4. 账项调整

对于这一虚构收入的情况，审计人员应明确地向被审计单位提出。如果该企业已办妥结账工作，应告知企业将这笔销售利润在利润总额中冲减；如果该企业尚未办理结账工作，也应告知企业将这笔销售业务的有关分录用红字更正法更正。

案例三　隐瞒主营业务收入

1. 审计线索

审计人员审查某企业销售业务，查阅销售明细账和库存商品明细账时发现如下疑点：

（1）开出一张发票，客户是上海KD公司，甲产品80吨，已发出，货款为16万元，收到一张商业汇票，但未入销售账。

（2）发往异地甲产品60吨，货款12万元，托收一星期后收到货款。但企业也未入销售账，月末仍作为发出商品。

（3）技术转让费开支20万元，一次性记入当月销售费用，转让的技术明年才投入使用。

（4）交本厂门市部10万元货物，记入“应收账款”账户（本厂门市部为非独立核算单位）。

2. 线索追踪

针对上述情况，审计人员审阅了“主营业务收入”、“应收账款”等明细账，并抽查了有关会计凭证，分析有关业务处理的正确性。

3. 审计处理

（1）商业汇票结算方式，收到汇票销售成立，这笔业务隐瞒了收入16万元。

（2）托收结算方式，已办托收并收到货款，销售成立，这笔业务又隐瞒收入12万元。

（3）技术转让费明年开始分期摊销，应作待摊费用。

（4）交门市部货物因其未独立核算，不能作为销售处理。

4. 账项调整

该企业应针对存在的问题，调增销售收入，并补缴应交的增值税额。

应调增的销售收入为：$16+12-10=18$（万元）

应补缴的增值税额为：$180\ 000\times17\%=30\ 600$（元）

案例四　虚减主营业务收入

1. 审计线索

审计人员在抽查某企业12月份收入业务时，发现该企业与黄河公司签订了来料加工合同。合同中规定，加工费8 000元，通过银行转账支付，剩余材料留归该企业，检查该企业银行存款收款凭证时，收款凭证的会计分录为：

借：银行存款　　8 000

　　贷：其他应付款　　8 000

后来又发现加工多余材料100公斤，合同中标价为每公斤10元，被加工车间出售，共得1 400元收入，被作为加工人员奖金分掉。

2. 线索追踪

审计人员运用审阅法审阅了该企业"主营业务收入"、"原材料"、"其他应付款"等明细账，抽查有关会计凭证，查询来料加工这一业务的合法性和会计处理的正确性。

3. 审计处理

根据企业会计准则的规定，接受来料加工业务所取得的加工费收入，应作为产品销售收入。该企业将加工费收入记入"其他应付款"科目的贷方，而不通过"主营业务收入"科目核算，虚减了当年销售收入，偷漏了应交的增值税金。同时也必然导致虚减产品销售利润和偷漏所得税。企业这样做的目的，除了偷漏税金外，也是将当年的收入转移至下年。加工剩余材料也应视作加工费收入入账，该企业将剩余材料出售，作为加工人员奖金，不仅虚减了收入，漏交了税金，而且直接构成了私分收入。

4. 账项调整

该企业存在的主要问题是违反国家规定，私分、转移或隐瞒收入，以及偷漏税金。应编制调账分录如下：

（1）加工费收入的调账分录：

借：其他应付款　　8 000

　　贷：主营业务收入　　6 838

　　　　应交税费——应交增值税（销项税额）　　1 162

（2）剩余材料的调账分录：

借：原材料　　1 000

　　贷：主营业务收入　　855

　　　　应交税费——应交增值税（销项税额）　　145

案例五　截留其他业务收入

1. 审计线索

审计人员在审查某企业税金时，发现企业收到运输收入150 000元，所作会计分录为：

借：银行存款　　150 000

　　贷：生产成本——辅助生产成本　　150 000

2. 线索追踪

审计人员运用审阅法审阅了辅助生产成本明细账，抽查有关会计凭证，验算应交税金金额。该企业其他业务收入的营业税税率为3%，城市维护建设税税率为7%，教育费附加为2%。

应交税金金额：150 000×3% =4 500（元）

应交城市维护建设税：4 500×7% =315（元）

应交教育费附加：4 500×2% =90（元）

3. 审计处理

该企业的运输收入150 000元，属于其他业务收入，不应冲减辅助生产成本。

4. 账项调整

该企业已记入“辅助生产成本”账户的运输收入应转入“其他业务收入”账户，并按规定计算应纳税金。编制调账分录如下：

借：生产成本——辅助生产成本 150 000
　贷：其他业务收入 150 000
借：其他业务支出 4 905
　贷：应交税费——应交营业税 4 500
　　　　　　——应交城市维护建设税 315
　　　　　　——应交教育费附加 90

案例六　截留各种收入　违规设置小金库

1. 审计线索

某汽车工业总公司审计部接到群众举报，反映某汽车制造公司财务管理混乱，私设“小金库”，并从“小金库”中支出大量不合理开支。汽车工业总公司决定由汽车制造公司内审科进行财经纪律专项审计。审计时间为2011年4月1日至10日，审计范围为2010～2011年度的财务收支情况。

2. 线索追踪

内审人员在审阅某汽车工业公司的会计凭证时，发现该公司基建办于2010年10月8日用付款委托书付给某销售公司“归还垫款”258 390元。其原始凭证是海安五金交电化工商店分别于2009年5月10日及2010年1月20日开出的两张发票，一张是该公司购进汽车衡175 830元，另一张是该公司购进地泵82 560元。对这笔账，内部审计人员经过反复分析提出疑问：

（1）该公司基建办开出的付款委托书日期是2010年10月8日，而海安五金交电化工商店开出的两张发票的日期却相距7个多月，这是不正常的。

（2）付款委托书上写明的是“归还垫款”，这与发票所反映的经济业务不相符。

（3）既然是归还垫款，为什么没有这笔款的往来账记录？

审计人员带着上述疑问，决定开展追踪查证工作。内部审计人员先来到海安五金交电化工商店，经调查询问和查阅会计资料，证实该商店确实收到了被查单位的货款，但是分四次收取的，收款的时间分别是2009年5月10日、8月25日、11月16日及2010年1月20日。但汇款单位的开户银行是东旺信用社，内部审计人员根据检查会计资料及调查询问相关人员了解的情况，证实被查单位的开户银行是市工商银行上闸办事处，而未听说与东旺信用社存在存贷关系。内部审计人员接着又来到东旺信用社，通过调查询问和查阅有关资料，证实被查单位确实在该信用社开了账户。

既然在信用社开了账户，就应有这方面的资料记录或账册。经多次与该公司领导及财务科科长、基建办负责人、会计及出纳等人谈话及政策教育，他们交出由仓库保管员保管的一本不公开的账簿及各种会计凭证等资料。通过对这些会计资料的详细检查，证实被查单位将截留的劳务收入、转移的材料销售收入、隐瞒的固定资产变价收入以及往来款等共计60笔、金额达410 820元作为“小金库”资金存入该账户中。至查证时，被查单位已用其支付请客招待、招揽业务回扣提成、职工奖金福利支出，花去358 032元，尚存52 788元。

在东旺信用社的账户内还发现被查单位2006年4月1日付给安达综合厂安装费55 000元，通过审阅核对会计凭证，发现安达综合厂2006年3月28日开出的发票是75 000元，二者相差20 000元。针对这个问题，内部审计人员来到安达综合厂进行调查，了解到这20 000元是由快捷劳动服务公司汇出的“工程款”，进而了解到快捷劳动服务公司是被查单位在仓库驻地所办的服务公司，担任了土木工程任务。被查单位利用该服务公司将截留的劳务收入、转移的材料销售收入、隐瞒的管理费收入等30笔，金额达502 946元的资金设置了“小金库”。至查证日，该小金库为有关领导购置手机、空调，为业务人员请客送礼，为职工超发奖金等，提走现金共用去486 000元，尚存16 946元。

3. 审计处理

根据国家有关规定对被查单位私设小金库的问题作出了处理决定：对小金库余款69 734元予以没收，并按小金库金额处以20%的罚款，罚款金额为182 753.20元；对已支用的844 032元连同上述罚款，用被查单位的税后利润上缴国家，共计1 026 785.20元。

4. 账项调整

借：营业外支出——罚没支出　　　　1 026 785.20

　　贷：银行存款　　　　1 026 785.20

对“小金库”余款69 734元被查单位直接以小金库上缴，故不需对其作账务处理。

（二）利润审计案例

案例一　非常损失列支不真实

1. 审计线索

审计人员在审阅某工业企业当年6月份“营业外支出”明细账时，发现“非常损失”中有一笔数额达10万元的损失。为弄清事实真相，审计人员决定进一步查证。

2. 线索追踪

（1）审计人员根据账簿记录调阅了6月10日18号记账凭证，其记录内容为：

借：营业外支出——非常损失　　　　100 000

　　贷：原材料——××　　　　100 000

所附原始凭证为原材料盘点表和盘亏报告单，附有领导审批意见及有关人员拟写的情况说明。

（2）经查询，了解到损失是保管员在仓库内吸烟，引起火灾造成的。按企业管理制度规定应由保管人员赔偿，但企业未按制度规定执行。另外，在冲减火灾损失时，还应转出材料购进时的增值税进项税额，企业也未按制度规定进行核算。

3. 审计处理

被审计企业不按规章制度办事，将应由个人赔偿的损失转嫁到企业，虚减了企业收益，少交所得税；同时，也不按现行会计制度规定将损失材料的增值税进项税额转出，增加了增值税抵扣数额，少纳增值税。根据《会计法》和《中华人民共和国税收征收管理法》有关规定，应给予相应的处罚。

4. 账项调整

（1）冲销6月10日18号记账凭证记录：

借：营业外支出——非常损失　　100 000（红字）

　　贷：原材料——××　　100 000（红字）

（2）企业为一般纳税人，考虑保管员的实际困难，火灾损失保管员负担20%，企业负担80%，其账项调整分录为：

借：其他应收款——××　　23 400

　　营业外支出——非常损失　　93 600

　　贷：原材料——××　　100 000

　　　　应交税费——应交增值税（进项税额转出）　　17 000

案例二　错列支出　减少当期利润

1. 审计线索

审计人员在审阅某企业当年5月份“营业外支出”明细账时，发现有一笔业务金额虽说不大，但摘要内容含糊不清，疑其存在错列支出问题，决定进一步查询。

2. 线索追踪

根据账簿记录调阅当年5月16日18号记账凭证，其记录内容为：

借：营业外支出　　500

　　贷：库存现金　　500

所附原始凭证为公安部门开具的罚款单。经了解是企业司机张×，因交通违章受罚。本应由司机本人自付，而企业却作营业外支出列支。

3. 审计处理

被审计企业将应由个人支付的款项，作为企业支出入账，从而影响了企业当期利润和所得税的正确计算，给国家造成一定损失。审计人员建议企业调账，被罚款项由责任人负责。

4. 账项调整

借：其他应收款——张×　　500

　　贷：营业外支出　　500

案例三　利润总额不实造成　漏交所得税

1. 审计线索

审计人员在审查达新公司上年度财务决算时，发现上年利润总额与往年相比有一定差距，决定进一步查询。

2. 线索追踪

审计人员调阅了“本年利润”明细账及有关收入、费用明细账，发现存在以下问题：

（1）固定资产出售收入90万元，扣除固定资产净值、清理费用、税金等各项支出后净收入为5万元，列入“其他应付款”贷方。

（2）财务费用中包含固定资产建造期间的借款利息10 000元。

审计人员就上述问题询问了该企业会计主管人员，其承认上年财务决算中存在的问题，属工作不认真错记造成的。

3. 审计处理

被审计单位上年度因错记账户，造成利润总额不实，构成隐瞒收入、虚减利润、漏交所得税，违反了《会计法》和《企业会计准则》的有关规定。财会人员今后一定要努力提高业务水平，认真学习国家有关政策法规，避免造成工作中的失误。

4. 账项调整

（1）借：其他应付款　　50 000

　　贷：利润分配——未分配利润　　50 000

（2）借：在建工程——××　　10 000

　　贷：利润分配——未分配利润　　10 000

（3）按25%计提所得税，按10%计提法定盈余公积：

借：利润分配——未分配利润　　19 500

　贷：应交税费——应交所得税　　15 000

　　盈余公积——法定盈余公积　　4 500

案例四　股利发放超过规定额度

1. 审计线索

审计人员年初到兴亚股份公司进行实现利润和利润分配的合法性、公允性审计，发现该企业上年度发放股利180 000元，不知是否符合规定，决定进一步查询。

2. 线索追踪

审计人员调阅了“损益表”、“利润分配表”及有关账簿，了解到该企业上年度实现净利润50万元，按10%提取法定盈余公积50 000元，按5%提取公益金25 000元，分配给优先股股东现金股利100 000元，均符合国家有关规定。但该公司发行了普通股20万股，面值4元/股，上年用盈余公积发放股利80 000元，超过了股票面值6%的比率，多发32 000元。

3. 审计处理

通过对兴亚股份公司上年度利润形成的审计，认为该公司净利润计算正确，损益表上净利润列示符合公允性与合理性。在对净利润形成审计的基础上又对利润分配进行审计，认为分配顺序及比例符合要求，但用盈余公积发放普通股股利超过了国家规定比例，应按规定调整。

4. 账项调整

借：应付股利　　32 000

　贷：盈余公积——法定盈余公积　　32 000

案例五　利用“预收账款”截留利润，偷逃所得税

1. 审计线索

2007年3月，某市税务稽查分局在对该市一家机构设备厂2006年度所得税缴纳情况检查时，发现该厂有大量预收设备款的业务。

2. 线索追踪

经核查有关销售合同，稽查人员发现多数合同已经实现，又经对购货方企业询问，合同单位已经收到发出的货物，但是该机械设备厂却未结转收入。另外，经审核，“主营业务成本”中的单位成本远高于“产成品”账户中的单位成本。由此税务机关初步认定该厂已结转“预收账款”中的销售成本。后经对企业财务人员询问，发现该企业利用“预收账款”进行利润截留的事实。

企业截留利润往往以“预收账款”为调整器。按照企业财务制度与税法的有关规定，预收账款要在货物发出后，才形成企业销售收入。因此当企业有一定数量的预售货物业务时，就可以使企业保持微利，甚至亏损，达到偷逃所得税的目的。

具体操作方法为：企业首先确定当月的利润（微利），然后将当月成本、费用发生额与所开发票销售额相比较。如果费用成本过小使得利润大于预定利润，则将差额以“预收账款”中发出产品的耗用材料成本摊入当月销售成本抵消；反之则按实际数入账。

所以机械设备厂2006年度“预收账款”中的925 600元，其制造成本已提前结转，销售已经实现，该数额实为其多年来截留利润的累计额，由此可见，企业通过多列成本、销售收入挂往来账等方式隐匿销售利润。因此在日常的稽查工作中，应对长期亏损或长期微利的企业进行重点审查。

3. 审计处理

该企业挂账的销售收入为925 600元，应补缴增值税134 488.89元（925 600 ÷ 1.17 × 17%），调整利润791 111.11元（925 600 − 134 488.89），补交企业所得税261 066.67元（791 111.11 × 33%），并处以偷税额2倍的罚款。

4. 账项调整

（1）借：预收账款　925 600

　　贷：以前年度损益调整　791 111.11

　　　　应交税费——应交增值税（销项税额）　134 488.89

（2）借：所得税费用　261 066.67

　　贷：应交税费——应交所得税　261 066.67

（3）借：应交税费——应交增值税（已交税金）　134 488.89

　　贷：银行存款　134 488.89

（4）借：应交税费——应交所得税　261 066.67

　　营业外支出——税收罚款　522 133.34

　　贷：银行存款　783 200.01

第三节 自测审计案例

一、内部控制制度审计自测案例

（一）授权分权控制自测案例

A公司是某会计师事务所的客户，注册会计师沈正受委派对A公司的内部控制制度进行评审，该公司有三位职员处理下列工作：

（1）记录总账。

（2）记录应付账款明细账。

（3）记录应收账款明细账。

（4）填写支票，让主管人员签章，还记录现金支出日记账。

（5）签发销售退货及折让的贷项通知单。

（6）调节银行账户。

（7）处理并送存收入的现金。

假定三位职员均具备处理上述事务的能力，且三人以担任上述七项工作为限，该公司想请注册会计师沈正提供建议，应如何将上述七项工作分配给三位职员，才能达到最佳的内部控制效果？

要求：

（1）请代沈正将上述七项工作分配给这三名职员。假定除调节银行账户和签发销货退回与折让的贷项通知单两项工作外，其他工作所需要的时间相同。

（2）对以上七项工作，请列出四种可能不适当的组合。

（二）不相容职务控制自测案例

C公司的出纳员截留购货单位送来的一张转账支票，金额5 000元，同时自己签发以他本人为收款人，金额为5 000元的一张现金支票，兑领盗用。上述两笔均未入账。10日后，又在银行存款日记账和应收账款明细账中记录收到购货单位货款5 000元，使记录购货单位债权的应收账款明细账显示正确余额，但多计了银行存款余额。月末，该出纳员在编制银行存款调节表时，故意将两张银行已经收到但公司未收到、金额合计为5 000元的转账支票漏列，来掩饰其作弊行为。

要求：指出上述现金内部控制制度中比较严重的缺陷，并列举纠正每项缺陷的方法。

（三）业务程序标准化控制自测案例

下面是用文字说明法描述的某零售商店销售业务处理程序的内部控制制度：

商店采用由收款处集中收款的方式收取现金。营业员在销售商品时开出一式三联的销售票，签名后请顾客将支付的款项一起交收款处收款。收款员审核了单价、数量和金额后向顾客收款，在销售票上签名并加盖“货款收讫”的印戳，把零钱找给顾客并将销售票的第一联和第三联转交营业员，第二联由收款员暂时保存。营业员将销售票的第二联随同商品交给顾客，第三联暂存。当天营业结束后，营业员根据销售票第三联编制一式两联的销售日报表，随同销售票第三联送交会计部门，会计员审核后在销售日报上签字，将销售日报第二联退交营业员保存备查，第一联作为登记销售收入和现金日记账的依据，由会计员保存。收款员根据销售票第二联编制一式两联的收款日报表，随同现金送交出纳部门，出纳员审核签字后将收款日报表的第二联退交收款员保存备查，第一联作为登记现金日记账的依据并由出纳员保存。出纳和会计的现金日记账和总账定期核对。

要求：根据上述文字叙述，编制该零售商店销售业务处理程序的流程图，评价该制度并分析有无控制弱点。如有，应如何完善以强化控制？

（四）人员素质控制自测案例

注册会计师沈正对某企业材料采购方面的内部控制制度进行评审，他了解到以下情况：

企业材料仓库有一名保管员，负责收发料和按照加权平均法登记材料明细账。仓库收料时，保管员根据发票数验收材料后，开出收料单三份，其中一份送财务科凭此付款，一份送供销科，一份留存。沈正及助理人员经过实地观察和抽查凭证、明细账，发现保管收料点数不很认真，明细账记录不规范，还有计算错误。据了解，保管员没有专业文凭，也未经过专业培训。

车间领用材料，任何人都可开领料单领取材料，领料单填写草率，有涂改，有时仅有领用人签字而无车间主任核准，有的领料单连领用人也不签名。领料单一式二份，一份交仓库，一份送供销科。

财务科和供销科不再设材料明细账和业务明细账，每月末材料盘点，基本上由仓库保管员自查，盘存表只有数量，不计金额。

供销科根据领料单月末编制领料单汇总表，然后送财务科。财务科根据收料单与领料单汇总表编记账凭证并登记材料总账。总账与明细账长期以来不进行核对，盘点表未计金额，也不与总账记录核对。

要求：请代注册会计师对上述内部控制制度作出评价，重点从人员素质控制和业务处理程序控制两方面指出该项制度有哪些重大缺陷，可导致哪些后果，应采取哪些纠正措施。

二、流动资产自测案例

（一）货币资金审计自测案例

案例一

审计人员在审查某单位“现金日记账”时发现以下几处疑点：

（1）在“现金日记账”中，有这样一笔记录，摘要注明为“支付备用金”，金额为20 000元，其数额较大，引起审计人员的注意，继而找出该笔业务的记账凭证，其会计分录为：

借：其他应收款　　20 000

　　贷：库存现金　　20 000

所附原始凭证，是一张白条，领款人为该单位会计。

（2）在“现金日记账”中，发现账中记录了一些如销售商品、提供劳务的收入，累计金额达5万多元，但在日记账中未显示将这些收入存入银行的记录。

要求：根据以上资料，指出存在问题，并作出审计处理及账项调整。

案例二

审计人员于2010年10月15日对某企业进行审计时，在该企业“银行存款日记账”中，发现本年3月1日有一笔款项付出的记录，金额为50万元，摘要注明“暂付款”，而9月1日，又有一笔存入款项的记录，金额为50万元。这个情况引起了审计人员的注意，继而调出3月份款项付出的记账凭证，其会计分录为：

借：其他应收款——××单位　　500 000

　　贷：银行存款　　500 000

所附原始凭证为××单位的收据。又调出9月份存入款项的记账凭证，会计分录为：

借：银行存款　　500 000

　　贷：其他应收款——××单位　　500 000

所附原始凭证为本单位的收据。

要求：根据以上情况，判断出存在什么问题，并作出相应处理。

案例三

审计人员于2011年3月份对盛达公司进行财务收支审计，在审阅“其他货币资金——在途资金”明细账时，发现其账户有借方余额30万元，并且是上年结转的数额。审计人员调阅了上年度“其他货币资金——在途资金”明细账，账上反映这笔业务是12月30日发生的，至今已两个多月，摘要注明“收到投资单位分来的利润”。审计人员又调阅了记录这笔业务的记账凭证，其会计分录为：

借：其他货币资金——在途资金　　300 000

　　贷：投资收益　　300 000

记账凭证下没有附原始凭证。审计人员又与被投资单位取得联系，查明被投资单位在上年没有盈利，所以也没向投资单位分配利润。

要求：根据上述情况，指出存在的问题，并作出审计处理。

（二）短期投资审计自测案例

审计人员于2011年12月份对兴达公司进行审计时，发现该公司于本年10月份购入长城公司普通股股票1 000股，每股42元，计42 000元，另支付佣金500元，手续费300元，支付已宣告分派但未领取的股利1 000元。兴达公司的账务处理为：

借：交易性金融资产——成本　　42 000

　　投资收益　　800

　　应收股利　　1 000

　　贷：其他货币资金——存出投资款　　43 800

11月底，长城公司股票市价上涨，由每股42元，上涨到每股45元，因而，兴达公司在资产负债表中“交易性金融资产”项目列示金额为45 000元（兴达公司只有长城公司短期股票投资）。

要求：根据上述情况，指出存在的问题，并作出审计处理。

（三）应收及预付款项审计自测案例

案例一

某会计师事务所注册会计师，依据既定的审计计划于2011年1月审查康健股份公司2010年度的资产负债、损益和现金流量情况时，发现2010年12月10日贴现了一张票面金额为20 000元，利率为6%，90天到期的带息应收票据。现该公司已持有70天，按8%的贴现率进行贴现，该公司账户资料记载所得贴现款为19 010元，无银行出具的有关凭证，会计分录为：

借：银行存款　　19 010

　　财务费用　　990

　　贷：应收票据　　20 000

要求：根据上述资料，审查该笔贴现业务的公允性，指出存在的问题，并进行相应的账项调整。

案例二

审计人员根据既定的审计工作方案，于2011年1月10日～20日，对某企业2010年度的资产负债、损益和现金流量情况进行审计。在审计中得知该企业坏账准备提取率为4‰，该企业“应收账款”余额为950 832元，但“坏账准备”贷方余额则为15 803.33元。经查该企业11月末“坏账准备”贷方余额为803.33元，12月末的应收账款余额确实是950 832元，但是在提取时将“应收票据”余额1 203 056.33元、“预付账款”余额480 000元与“应收账款”余额950 832元一起作为基数提取。

要求：根据上述资料进行审计处理，并进行相应的账项调整。

案例三

审计人员按照市审计局的工作计划和既定的审计实施方案，对企业经济业务的合法性进行审查。在审查过程中，发现“其他应收款”明细账中，摘要注明应收赔款的业务，已超过3年仍未收账。于是，审计人员依据明细账中的日期和凭证号，调阅了该记账凭证，发现所附原始凭证是厂委会决定，内容是值班人员失职，企业被盗损失20 000余元，按照10%罚款，共计2 000元。

要求：根据上述资料，作出审计处理和账项调整。

案例四

审计人员按照既定的审计工作方案的安排于2011年6月15日，对某企业本年度经济业务的合法性和效益性进行了审计。在审计中发现本年度1至3月份均有摊销的固定资产修理费，数额分别为：6 000元、8 000元、12 000元。审计人员认定业务处理不规范，于是对该笔业务作了进一步追查。经查该笔固定资产修理费发生在2010年1月，共计120 000元。从2006年1月开始摊销，各月摊销额基本相等，直到2011年3月摊销完。

要求：根据上述资料，指出问题所在，并进行相应的账务处理。

（四）存货审计自测案例

案例一

审计人员按照市审计局的工作计划，编制出切实可行的审计工作方案，于2010年11月20日～25日对某工业企业本年度经济业务的合法性和效益性进行了审查。在审查银行存款日记账和与之相关的进货退回业务时，审计人员发现这样一笔会计分录：

借：银行存款　58 500

　贷：应付账款　8 500

　　原材料　50 000

经核对原始凭证和记账凭证，二者数额相等，再审核原始凭证，发现一张银行收款通知和一张红色发票。经询问和调查，证实分录上的应付账款是虚拟的，疑是该企业把退回的增值税“进项税额”反映在了“应付账款”账户。

要求：根据上述资料，指出问题的关键，作出审计处理，同时进行相应的账项调整。

案例二

审计人员依据既定的审计工作方案的安排，于2011年1月15日～20日对市属南海股份有限公司2010年度的资产负债、损益和现金流量情况进行了审计。下面是有关盘点的账实记录：

（1）南海股份有限公司2010年12月31日“产成品——运动服”明细账结存数如表3－24。

表3－24

品　种	单　位	一等品	二等品	三等品
男　式	套	540	460	50
女　式	套	844	280	100
童　式	套	380	120	30

（2）按照审计工作方案的安排，审计人员于2011年1月15日下午下班时，会同有关人员进行了盘点，结果如表3－25。

表3－25

品　种	单　位	一等品	二等品	三等品
男　式	套	610	315	45
女　式	套	850	250	60
童　式	套	414	56	20

（3）经查阅产品明细账，1月1日～15日“产成品——运动服”的收付情况如表3－26。

表3－26

品　种	单　位	收　入			发　出		
		一等品	二等品	三等品	一等品	二等品	三等品
男　式	套	1 142	82	59	1 172	127	64
女　式	套	1 349	215	98	1 393	195	138
童　式	套	692	160	50	666	224	60

要求：根据上述资料，指出问题所在，提出审计意见，并进行相应的账项调整。

案例三

审计人员根据既定的审计工作方案的安排，于2011年1月15日~20日对源通股份公司2010年度的资产负债、损益和现金流量情况进行了审计。在审计过程中，审计人员发现2010年1月~11月该企业存货发出的计价采用先进先出法，而从12月份开始采用后进先出法，但未在2006年12月31日资产负债表及其附注中加以揭示。12月份存货购入和领用情况如下：

1日某种存货余额500件，单价20元，当日领用300件；5日购入1 000件，单价22元；10日领用800件；20日购进1 200件，单价24元；23日领用900件。

根据收发资料，该公司按后进先出法计算的存货明细账如表3-27。

表3-27

存货明细表

（按后进先出法计算）

2010年		摘要	入库			发出			结存		
月	日		数量	单价	金额	数量	单价	金额	数量	单价	金额
12	1	期初存货							500	20	10 000
	1	发出				300	20	6 000	200	20	4 000
	5	购入	1 000	22	22 000				200 1 000	20 22	4 000 22 000
	10	发出				800	22	17 600	200 200	20 22	4 000 4 400
	20	购入	1 200	24	28 800				200 200 1 200	20 22 24	4 000 4 400 28 800
	23	发出				900	24	21 600	200 200 300	20 22 24	4 000 4 400 7 200
	31	本期发生额 及期末结存	2 200		50 800				200 200 300	20 22 24	4 000 4 400 7 200

要求：根据上述资料，指出问题所在，提出处理意见，并进行相应的账项调整。

三、长期资产审计自测案例

案例一

审计人员在对昌盛公司进行审计时，通过审阅“持有至到期投资”明细账得知，企业2010年9月1日购入了E公司债券880万元。到期还本，分期按年付息。因该项投资较大，审计人员决定对该笔业务进行详细审计。审计人员首先收集了昌盛公司购买E公司债券的批准文件，E公司发行债券的有关资料、原始凭证、记账凭证等，得知昌盛公司购买的E公司债券于2010年7月1日发行，期限3年，利率7.5%，购买债券的面值为800万元，实际支付的价款880万元中除债券面值、利息外，还包括佣金、手续费4万元，昌盛公司对于此笔业务在2010年9月1日所作的会计分录为：

借：持有至到期投资——成本　　8 000 000
　　持有至到期投资——利息调整　　200 000
　　应收利息　　600 000
　　贷：其他货币资金——投资款　　8 800 000

由上述分录可知，应计利息计算错误，应为70万元，而不是60万元。

进一步审查2010年12月31日债券溢价摊销的会计处理，发现昌盛公司摊销的债券溢价基数为20万元，按3年进行摊销，2010年度的会计处理为：

借：持有至到期投资——应计利息　　600 000
　　贷：持有至到期投资——利息调整　　16 667
　　　　投资收益——债券投资收益　　583 333

要求：试根据上述情况，作出审计处理，并进行相应的账项调整。

案例二

审计人员在审查鸿运公司时，发现该公司以专有技术对I公司进行投资，I公司注册资本100万元，鸿运公司无形资产占投资额的19.5%（即19.5万元），对此比例，审计人员持怀疑态度，决定进一步审计。审计人员收集审阅了双方的投资协议书。协议书规定，鸿运公司将自己购入，尚有5年有效期的专利技术的所有权转让给I公司，作价19.5万元。审计人员进一步审查了鸿运公司购入专有技术时的有关资料发现其价值为16万元。显然，投资作价19.5万元可能会存在舞弊，通过与有关人员审查评估确定其评估价为8万元，审计人员认为该项无形资产应按其评估价8万元入账。而企业的当时的会计分录为：

借：长期股权投资——成本　　195 000
　　贷：无形资产——专有技术　　195 000

要求：试根据上述情况，写出审计处理，作出账项调整。

案例三

审计人员在对某工业企业进行查证时，发现该企业2011年1月4日产成品单位成本水平高于以往任何时期，而且同时期的管理费用也高于正常情况。无独有偶，在此期间，该企业正自营建筑一小型工程项目。审计人员由此怀疑该企业将在建工程的成本摊入了生产费用与管理费用，而没有正确反映固定资产的增加业务。

审计人员调阅了有关反映企业自营在建工程成本的账簿记录、记账凭证和所附原始凭证与成本计算汇总表，发现该项在建工程领用材料金额与该项工程的需求情况相差甚远，同时也找不到该项工程管理人员的工资支出项目。查证人员又根据同期产成品单位成本水平升高的线索，详细审阅了该期间的生产领料单，发现领料单中所载原料20吨，总金额500 000元，为在建工程所用。同时，还确认了在建工程人员的工资列入了同期管理费用，共计3 000元。

要求：根据上述资料进行审计处理和相应的账项调整。

案例四

审计人员在2011年1月对某企业查账中发现，该企业发生一项固定资产提前报废的业务，但是对此项业务仅在2010年7月份作了一张转证凭证，其会计分录为：

借：营业外支出——非常损失　　7 500

　　累计折旧　　2 500

　　贷：固定资产　　10 000

后经调查取证，确认该项业务是虚报固定资产毁损，实则将其变卖，所获取款项部分为有关人员以业务招待费为名私分，部分为企业职工发放奖金。

要求：根据上述资料进行审计处理和相应的账项调整。

案例五

审计人员于2011年1月审查某企业2010年度资产负债、损益和现金流量情况时，发现2010年1月期初应计折旧固定资产总值中，新增100 000元。经查证，是于上一年末投入使用机床一台，原值100 000元，预计净残值为10 000元，预计使用年限为5年，使用年数总和法对该项固定资产进行折旧。其余各类固定资产均用直线法折旧，且该公司对这一事项在会计报表附注中未作揭示。

要求：根据上述情况，应确定这一事项对被审计单位资产负债表和利润表的影响，并提请被审计单位在会计报表附注中作充分揭示。

案例六

审计人员2011年3月在审查东方公司2009年度财务收支时，发现该年度无形资产的摊销出现异常。1月至10月其摊销额均为150 000元，12月份增至250 000元。

要求：核实东方公司无形资产摊销额的正确性，并提出审计意见。

案例七

审计人员2011年1月份在审查中意公司2010年度的收支业务时，发现该公司于5月10日向外转让了一项技术的所有权，取得转让收入350 000元，该专有技术的账面价值为150 000元。5月4日又转让了一项专利技术的配方，由受让方按使用其配方制造的产品销量支付使用费。合同规定，受让方每销售一吨用专利配方生产的产品，需给出让方支付100元使用费。受让方拟销售1 000吨这样产品，所以，出让方取得收入100 000元。5月18日中意公司会计人员作出了如下的账务处理：

（1）借：银行存款　　450 000

　　　　贷：其他业务收入　　450 000

（2）借：其他业务成本　　250 000

　　　　贷：无形资产　　250 000

要求：根据上述情况提出审计意见，并指出此业务的处理对损益表的影响。

四、流动负债审计自测案例

案例一

2011年初审计人员在审查华运公司2010年度“短期借款”明细账时，发现公司7月6日从银行借入短期借款50万元，借款期限6个月，利率8%。审计人员在审查其会计凭证并核对“银行存款”日记账时，发现7月7日公司将所借款项转借给了东风工厂，并将支付的利息记入了本公司的“财务费用”账户。

要求：根据上述情况，指出该公司在业务处理中存在的问题，并提出审计意见。

案例二

审计人员在审查华远企业2011年度的“应付票据”项目时，发现该企业于2010年11月1日购入了价值为300 000元的商品，同时开具一张期限为6个月的带息票据，年利率为10%，并且作了以下账务处理：

借：库存商品 300 000

　　贷：应付票据 300 000

2010年12月31日该企业计算了两个月的应付利息5 000元（300 000×10%/12×2），并作如下账务处理：

借：财务费用 5 000

　　贷：应付票据 5 000

2011年5月1日到期时，由于企业资金紧张，无力如期支付票据，遂将“应付票据”的账面余额转入“应付账款”，同时将已转入“应付票据”账户的6个月票据利息全部冲回，账务处理如下：

借：应付票据 315 000

　　贷：应付账款 300 000

　　　　财务费用 15 000

要求：根据上述情况，指出存在的问题，并作出审计处理。

案例三

审计人员了解到东风机械厂2010年12月31日“应付账款”账户的贷方余额为1 860 000元，有关资料如下：

（1）本月末购买材料属承付期而未付款的有120 000元。

（2）购买材料10天以上、1个月以内未付款的有870 000元。

（3）购买材料1个月以上、3个月以内未付款的有356 700元。

（4）购买材料3个月以上、6个月以内未付款的有203 300元。该批材料系2010年8月15日购入的木材共600立方米，材料未到又被转手卖出500立方米，仓库验收时只有80立方米，遂不同意入库。经财务科与供货单位联系，供货单位发货数量正确，并已由本厂经办人员签收，但本厂以发货不足为由，拒付货款。

（5）购买材料6个月以上、1年以内未付款的有150 000元。经查该笔账款的有关明细资料，账户上注明收款单位为大方工厂，但经与该厂联系，对方称没有与东风机械厂发生业务往来。同时，账户摘要栏内没有任何情况。

（6）购买材料1年以上、2年以内未付款的有110 000元。经查该批材料是向外地一家乡办企业购买的，当时未签订合同，原货款为260 000元，因质次价高，生产上不能使用，一直存放在仓库里。又由于没有退足货，加上已付货款150 000元，故余下的110 000元至今未付。

（7）购买材料2年以上未付款的有50 000元。供应部门已向财务部门反映过，收款单位系一家“皮包公司”，一年前已被取缔。

要求：仔细审查上述资料，指出该厂应付账款方面存在的问题，并提出审计意见。

案例四

审计人员2011年1月15日在审查经阁铝材公司2010年12月31日的资产负债表时，发现该公司“预收账款”的期末数与期初数相比，增加幅度较大。审计人员审查了“预收账款”明细账，发现其中有两笔异常的业务：

（1）5月21日第25号凭证上有一笔反映预收账款增加的业务，其分录为：

借：银行存款 500 000

　　贷：预收账款——甲单位 500 000

所附的原始凭证为进账单和销售合同各一份。合同规定，7月15日公司向甲单位发出A产品5 000件，每件80元。审计人员审查了“产成品”明细账，并调阅了7月15日第37号凭证，发现公司已发出该产品，并已作出以下分录：

借：预收账款——甲产品 400 000

　　贷：库存商品 400 000

（2）在10月13日第47号凭证上，发现有一笔既无合同，也无发货日期与偿还期的业务，其账务处理为：

借：银行存款 55 000

　　贷：预收账款——A 55 000

所附原始凭证为一张进账单和发货票，发货票上注明为材料销售。

要求：根据上述情况，分析该公司在业务处理中可能存在的问题，并提出审计意见。

案例五

审计人员在审查某公司“其他应付款”明细账时，发现该年度4月5日第12号凭证上有一笔“收废旧物资款”金额为20 000元的业务。审计人员调阅了第12号凭证，其分录为：

借：库存商品 20 000

　　贷：其他应付款 20 000

所附原始凭证为本公司开具的收款收据，摘要为“收废旧物资款”。经查问，该笔收入为总务部门清理废旧物资的废品收入。

要求：根据上述情况提出审计意见。

案例六

某厂在册职工125人，雇用临时工25人，2010年10月的工资结算单汇总表反映，合计应发工资67 545元，代扣款项5 105元，实发工资62 440元，向银行领款63 000元。审计人员在审查过程中，了解到下列情况：

（1）甲车间和乙车间的工资结算单中都有李芳和杨平的名字，甲车间实发李芳工资520元，杨平510元。乙车间实发李芳工资505元，杨平498元。经了解，李芳已于本月5日由甲车间调至乙车间，杨平由乙车间调至甲车间。

（2）据反映，原料仓库保管员王九昌已病假两个月，月工资729元。技术员李长乐系本月3日从外地调进，月工资846元。

（3）该厂临时工中有20人系参加土建工程的农民工，本月发放工资10 560元。由基建科统计员编造工资单向财务科领款，由统计员发放。

（4）工资结算单上代扣款项中有代扣家属医药费873元，经查阅“应付职工薪酬——应付福利费”账户，没有这一笔记录。

要求：根据以上情况，指出该厂在劳动工资管理中存在哪些问题？属于什么性质？并提出处理意见。

案例七

审计人员2011年初在审查龙康公司2010年“应付利润”明细账时，发现该公司2010年向投资者分配了利润80万元，其中特华公司50万元，维康公司20万元，职工10万元。而公司有关资料显示，公司当年实现利润150万元，年初未分配利润为负45万元。审查“实收资本”明细账，发现实收资本总计600万元，其中，特华公司投资420万元，维康公司投资180万元。

要求：根据上述情况，指出该公司在利润分配计算中存在的问题，并提出审计意见。

五、长期负债审计自测案例

案例一

某企业2011年1月1日按306万元的价格发行面值为300万元，年利率为10%，二年期的债券。债券到期时归还本息。在年度财务决算审查时，发现该企业错按实际支付溢价债券总金额作为计提利息依据，2004年多提利息6 000元。企业财务处理为：

（1）发行溢价债券时：

借：银行存款	3 060 000
贷：应付债券——面值	3 000 000
——利息调整	60 000

（2）每年计提利息及分摊溢价时：

借：财务费用	276 000
应付债券——利息调整	30 000
贷：应付债券——应计利息	306 000

要求：根据上述资料，列出审计思路，并提出审计意见。

案例二

审计人员2011年初审查天一公司2010年度“长期应付款”明细账时，发现以下情况：

（1）在“应付引进设备款”明细账中，8月9日记有一笔引进设备款为950 000元的业务，审计人员抽查了该业务的记账凭证，其账务处理为：

借：在建工程——引进××设备工程	950 000
贷：长期应付款——应付引进设备款	950 000

审查其所附的原始凭证，发现其中有应付引进技术款200 000元。

（2）在“应付融资租赁费”明细账中，其贷方有78 000元长期挂账。审阅该公司的“管理费用”明细账，发现11月15日有一笔支付设备租赁费78 000元的业务，经询问有关会计人员并抽查其原始凭证，查明此项租赁费即为融资租赁固定资产的租赁费。

要求：根据上述情况，指出公司在业务处理中可能存在的问题，并提出审计意见。

六、所有者权益审计自测案例

案例一

审计人员遵循既定的审计工作方案的安排，于20××年10月10日～15日对某企业本年已发生的经济业务进行了审计。在审计过程中，接到群众举报，反映该企业厂长将A公司捐赠的一辆轿车用于出租，且将出租所得存入企业“小金库”。经查情况属实。企业“固定资产”和“资本公积”账上却无记录。经核实接受捐赠的时间为6月30日，原值180 000元，预计行驶200 000公里，预计净残值1 000元，现已行10 000公里，已取得出租收入15 000元。

要求：根据上述资料，提出审计意见并进行相应账项调整。

案例二

审计人员接受任务后依据审计工作方案的安排，在对某公司银行存款业务进行审计时，发现有一笔金额为400 000元的银行存款业务，银行对账单上却没有列示。经查，记账凭证所附的原始凭证为一张收据，注明收到大光公司投资款。但审计人员向银行查询的结果却是并没有收到该笔汇入款项。据此，审计人员对财会科的人员和大光公司的相关人员进行了调查取证，证实由于大光公司资金紧张，所投资金未能及时到位，因此，被审计单位作了该笔假账。

要求：根据上述资料，提出审计结论，并进行相应的账项调整。

案例三

审计人员接受审计任务后参照相关资料，编制出了切实可行的审计工作实施方案。并依据审计工作实施方案的安排，于2010年12月15日～20日，对某企业本年度的经济业务的合法性和效益性进行了审计。在审计过程中审计人员发现了如下会计分录：

借：利润分配——未分配利润　　40 000
　　贷：银行存款　　40 000

经查该经济业务是企业按联营协议向投资者应分的利润。

要求：根据上述资料，指出存在的问题，提出审计意见，并进行相应的账项调整。

七、成本与费用审计自测案例

案例一

审计人员对宏光公司进行年度所得税汇算，在审阅了该企业本年期间费用明细账和有关的凭证后，发现存在下列问题：

（1）该企业职工李红到外地就医，其往返路费2 100元，列入了管理费用。

（2）计提尚未完工工程借款利息13 600元，列入了财务费用。

(3) 支付未按规定开具销售发票的罚款2 000元，列入了销售费用。

(4) 租入固定资产计提折旧5 000元，列入了制造费用。

(5) 企业应提未提短期借款利息6 400元。

要求：根据上述情况，指出存在的问题，提出审计处理意见，并进行相应的账项调整。

案例二

审计人员于2007年9月对某企业进行产品成本审计，在审查材料费用归集和分配的正确性时，发现材料成本差异的分配有问题，审计人员怀疑该企业存在用材料成本差异调节产品成本的问题，于是决定进一步调查核实。

审计人员审阅了该企业“原材料”、“材料成本差异”账户。本年初“原材料——钢材”明细分类账户有余额740 000元，“材料成本差异——原料及主要材料”明细分类账户有借方余额18 700元。该企业1至8月份共购原材料——钢材6 034 000元，发生材料成本差异（借差）120 600元，8月末“原材料——钢材”明细账户余额984 530元，“材料成本差异——原料及主要材料”明细账户有借方余额89 690元。

要求：根据上述情况，指出存在的问题，并作出相应的处理。

案例三

审计人员于2010年5月份对某企业进行产品成本审计，在审查了该企业“生产成本明细账”和各种费用分配表后，发现该企业生产的B产品，所耗原材料费用在完工产品和在产品之间的分配有问题。

B产品是该企业4月份新投产的产品，经过两道工序制成。4月份B产品投产4 500件，完工入库1 500件。各工序在产品数量为：第一道工序1 000件，完工率为12.5%，第二道工序2 000件，完工率为62.5%。其所耗原材料不是生产开始时一次投入，而是随着生产进度陆续投入。4月份B产品共发生原材料费用31 500元，在完工产品和在产品之间分配如下：

B在产品约当产量＝(1 000＋2 000)×(12.5%＋62.5%)/2

＝3 000×37.5%

＝1 125（件）

原材料费用分配率＝31 500/(1 500＋1 125)＝12（元）

完工产品分配原材料费用＝1 500×12＝18 000（元）

月末在产品分配原材料费用＝1 125×12＝13 500（元）

要求：根据上述情况，指出存在的问题，并作出正确处理。

案例四

某机械厂为大型国有企业，其生产的主要产品是建筑工程机械。审计人员于2010年11月份对该企业产品成本进行合规性审查时，发现列入年度生产计划的新产品试制，已于该年度5月份试制完工。但在企业生产成本明细账中没有发现“试制产品”的生产成本明细账，在“管理费用”明细账中也没有发现有新产品开发费的记录。经查证，该企业为试制新产品，共发生费用179 600元，其中材料费用73 000元，工资费用57 000元，其他费用49 600

元，全部记入其他产品成本。

要求：根据上述情况，指出存在的问题，并作出审计处理及账项调整。

八、收入与利润审计案例

案例一

2011 年 2 月 6 日审计人员审查新华公司上年度损益表时，抽查了该公司 2010 年 12 月份的销售业务，发现下列情况：

（1）12 月 4 日，售给某建筑公司的 A 产品及零件托收款 210 000 元到账，其账务处理为：

借：银行存款　　210 000

　　贷：发出商品　　210 000

（2）12 月 18 日，将自产的 B 产品用于在建工程 1 000 千克计 8 000 元，未作销售。

（3）12 月 26 日，本年度 8 月 5 日售出产品一批，售价 5 000 元，成本价 2 300 元，因质量等原因退回，产品已收到，账中未作处理。

要求：根据上述情况，指出该公司在销售业务中存在的问题，并作出审计处理。

案例二

2010 年初，审计人员进驻兴胜公司审计其上年度损益表，抽查该公司 12 月份的其他销售业务时，发现以下情况：

（1）8 日，售给欣新公司多余库存材料 800 千克（每千克售价 10 元，成本价 6 元），货款已收到，未入账。

（2）16 日，转让商标权的使用权，其账面价值 80 000 元，双方协商价 60 000 元。该公司的财务记录为：

借：银行存款　　60 000

　　贷：其他业务收入　　60 000

借：其他业务成本　　80 000

　　贷：无形资产——商标权　　80 000

（3）23 日，将来料加工产品剩余的边角料出售，得款 500 元存入银行。入账记录为：

借：银行存款　　500

　　贷：其他业务收入　　500

要求：根据上述资料，指出该公司在其他销售业务中存在的问题。这些问题对损益表有什么影响？同时作出审计处理。

案例三

审计人员于 2011 年 1 月 30 日在上年度财务报告报出之前到甲工厂进行财务收支审计时，发现甲工厂上年 12 月 8 日售出产品一批，其销售收入 60 000 元，销售成本 32 000 元，该批产品因质量问题，于本年 1 月 26 日退回，甲工厂进行账务处理时，直接冲减了本年度的主营业务收入和主营业务成本。

要求：根据上述资料，请指出甲工厂账务处理中存在的问题。这样做对上年度和本年度的损益表会产生什么影响？同时作出审计处理。

案例四

2011年8月初，审计人员在审查宏达公司账务时发现，该公司2011年6月支付的一笔罚款支出500元记入“管理费用”账户；7月收到的教育费附加返还款200元列入“其他业务收入”账户。

要求：针对上述情况，请指出该公司在账务处理中存在的问题，并作出审计处理。

案例五

飞达公司上年度财务决算中利润总额为80万元，计税工资为16万元。审计人员在年初对该公司报表审计时，发现下列问题：

（1）9月初付抗洪救灾款10 000元，列入“营业外支出”账户。

（2）11月购进车床一台，应负担运杂费1 500元（与生产产品的材料同车运回），该公司将此笔费用记入“管理费用”账户。

（3）上年度“管理费用”中列支的业务招待费超过标准800元。

（4）上年度“管理费用”中列支的工会经费为3 000元。

要求：根据上述资料，请指出该公司财务决算中存在的问题，应如何调整？并作出审计处理。

案例六

2011年初审计人员在审查大华公司财务决算时发现，该企业注册资本为150万元，盈余公积在上年4月初转增资本后，账户余额为20万元，2010年10月20日接受乙公司投资转入设备一台，其账面价值20 000元，已提折旧7 000元，资产评估18 000元，账面记录为：

借：固定资产	20 000	
贷：累计折旧		2 000
资本公积		5 000
实收资本		13 000

要求：根据上述资料，请指出该公司利润分配业务中存在的问题，并作出审计处理。